CES PHRASES À NE JAMAIS DIRE À SON ENFANT !

Communiquer avec bienveillance

Direction de la publication : Isabelle Jeuge-Maynart et Ghislaine Stora
Direction éditoriale : Aurélie Starckmann
Édition : Bethsabée Blumel
Lecture correction : Jean-Pierre Baril
Conception maquette : Anna Bardon
Adaptation et mise en page : Catherine Le Troquier
Couverture : Véronique Laporte
Fabrication : Marine Garguy

ISBN 978-2-03-593330-8

LES CLÉS de l'éducation positive LAROUSSE

Natacha Deery

CES PHRASES À NE JAMAIS DIRE À SON ENFANT !

Communiquer avec bienveillance

Illustrations : Vanessa Robidou

LAROUSSE

Sommaire

Préambule 6

Connaissance et gestion des émotions

1. Mais parle, enfin ! Qu'est-ce que tu as ? 8
2. Mais c'est rien, arrête tout de suite ! 10
3. T'es ridicule ! 12
4. Non, on ne laisse pas la lumière allumée, tu dois dormir ! 14
5. Arrête d'être toujours dans mes pattes ! 16
6. Tu es trop sensible ! 18
7. Mais ne t'inquiète pas ! 20
8. Arrête de faire le bébé, papa et moi, on sort juste quelques heures ! 22

Estime de soi et attachement

9. Tu es vraiment insupportable ! 24
10. Dis à papa/maman ce que tu as fait ce matin ! 26
11. Bon, fais comme tu veux, après tout ça m'est égal ! 28
12. Mais arrête donc de pleurnicher ! 31
13. Laisse-moi tranquille ! 32
14. Si tu ne fais pas ça, je ne t'aime plus ! 33
15. C'est pas un drame, tu en verras d'autres ! 34
16. Tu devrais être content de l'arrivée de ton petit frère/ta petite sœur ! 36
17. C'est dégoûtant, à ton âge, faire encore pipi au lit ! 38
18. Tu verras, la vie est dure ! 39
19. Sois plus réaliste ! 40
20. C'est comme ça, point final ! 42
21. Tu comprends rien, t'es bête ou quoi ? 44

22. Avec tous les sacrifices que j'ai faits pour toi ! 46
23. Tu ne peux pas être comme ton frère/ta sœur ? 48
24. Toi, tu es le sportif de la famille ! 50
25. C'est pas mal, mais tu aurais pu faire mieux ! 51
26. Tu ne peux pas faire ça correctement, non ? 52
27. Moi, à ton âge, j'étais capable de faire ce genre de chose ! 54
28. Les études, ce n'est pas pour toi ! 56
29. Tu deviens un élève médiocre ! 58
30. Et les autres, ils ont eu combien ? 59
31. Fais attention, tu vas grossir ! 60
32. Tu manges, t'as pas le choix ! 61
33. Ne te touche pas, c'est sale ! 62
34. Ne fais jamais confiance aux autres ! 63
35. Fais des efforts, parle aux autres ! 64
36. Arrête de pleurer, joue plutôt avec mon téléphone ! 66
37. T'es addict, ça suffit ! 68
38. On ne va pas s'en sortir ! 70
39. Les garçons/les filles ne font pas ça ! 71
40. Maman/papa ne m'aime plus, elle/il va partir ! 73
41. Tu diras a ton père/ta mère que... 74
42. Papa/maman a besoin de toi 76
43. T'es vraiment comme ton père/ta mère ! 77
44. Maintenant, occupe-toi de maman/papa ! 78

Préambule

Savoir communiquer avec un enfant

Communiquer avec un enfant s'apparente parfois à un véritable défi ! Le cerveau de l'enfant est alors immature. Par conséquent, il est indispensable de s'adapter à son niveau de développement, tout en s'assurant que se mettent en place des mécanismes qui lui permettront de mieux faire face aux défis de l'existence.

Ce livre, bien entendu, n'entend pas apporter toutes les réponses aux questions que l'on se pose au sujet de son enfant. Il se concentre, plus modestement, sur ces petites phrases apparemment anodines que de nombreux parents disent à leurs enfants. Nous proposons ici des alternatives, en apportant des éclairages sur les raisons pour lesquelles il y a des propos à « ne pas dire », et en suggérant des stratégies concrètes et des conseils pour mieux faciliter le plein épanouissement de son enfant.

Vous trouverez donc dans cet ouvrage des phrases **classées par rubriques, selon les situations,** en commençant par quelques notions centrales : la connaissance et la gestion des émotions, l'estime de soi et l'attachement sécure. Les parties suivantes concernent le développement et la socialisation. Enfin, ce sont les propos fréquemment entendus lors de difficultés familiales qui seront présentés, avec des reformulations éventuelles, des activités et des techniques pour apprendre à gérer certains défis de l'existence de la façon la plus positive possible.

Savoir formuler de façon positive

Apprendre à formuler de façon positive, c'est permettre à l'enfant d'adopter plus facilement le comportement souhaité. C'est une technique très simple, mais qui permet d'obtenir de bons résultats.

Comment faire ?

L'objectif final reste le même, c'est la façon de dire qui change ! En recadrant votre enfant de manière positive, vous allez éviter bon nombre de comportements d'opposition, qui peuvent finir par vous user ! Dans le tableau ci-dessous, vous trouverez des exemples de reformulations qui transforment des interdictions en formulations positives.

Activité : Entraînez-vous à la formulation positive !

NE DITES PAS...	DITES PLUTÔT
Ne cours pas !	Marche doucement.
Ne crie pas !	Parle doucement.
Ne te mets pas debout sur la chaise !	Reste assis, s'il te plaît, je préfère te savoir stable.

À partir des exemples du tableau, cherchez d'autres phrases et interdits que vous dites souvent à vos enfants et reformulez-les de façon positive. Avec un peu d'entraînement, cela deviendra un réflexe. Il ne s'agit pas de renoncer à votre autorité, bien au contraire, mais tout simplement d'apprendre une technique qui vous donnera plus de chances d'obtenir le comportement souhaité.

Cela vous permettra de conserver vos forces pour les moments inévitables où les situations seront plus délicates et où il faudra poser des limites et faire face aux conflits. Vous trouverez dans ce livre d'autres conseils à ce propos, mais pour l'instant, commencez par des choses simples !

À votre tour !

JE NE DIS PAS...	JE DIS PLUTÔT...
....	....
....	....
....	....
....	....
....	....

Personne n'est parfait !

Aucun parent n'est parfait, nous faisons tous des erreurs. Être parent, c'est aussi un apprentissage. Avec un peu de réflexion et de pratique, nous pouvons tous améliorer nos façons de faire. Toutes les propositions de ce livre s'appuient sur de nombreux échanges avec des parents et enfants de tous âges.

1. Mais parle, enfin ! Qu'est-ce que tu as ?

Tout allait si bien et voilà que tout à coup, sans raison apparente, votre enfant est submergé par une émotion incompréhensible : tristesse, peur, ou colère. Il pleure ou boude, refuse de communiquer et ne se calme pas. Ses réactions vous semblent ridicules, vous êtes excédé ! Malgré vos efforts et votre bonne volonté, rien n'y fait. Ce serait si simple s'il s'expliquait, tout simplement ! Mais parle, enfin ! Explique-moi ! Vous insistez, mais en vain ! Il s'enferme dans le silence, ou crie et pleure.

Règle clé

Respirez profondément, restez calme, n'exigez pas l'explication que votre enfant est incapable de vous donner pour l'instant ! Son comportement est le reflet d'un état émotionnel que vous aimeriez comprendre, mais vous énerver pour obtenir une réponse ne conduirait à rien et ne ferait sans doute qu'aggraver les choses.

Pourquoi ce comportement ?

Si votre enfant ne vous donne aucune raison, c'est bien souvent parce qu'il ne comprend pas toujours lui-même ce qui a déclenché ses émotions. Vos émotions d'enfance sont maintenant très loin, mais pensez aux difficultés que vous avez parfois actuellement pour comprendre vos propres mécanismes émotionnels... Le niveau de développement de votre enfant ne lui permet pas encore de comprendre ses ressorts émotionnels, il ne peut pas toujours identifier les causes de son comportement ; il découvre les situations au fur et à mesure qu'elles se présentent et ne peut pas encore les mettre en mots. C'est vous, l'adulte, qui devez le guider, pour qu'il apprenne à mieux comprendre et exprimer ce qui ne va pas. La meilleure démarche consiste à l'engager à verbaliser, mais, selon les enfants et les situations, ce n'est pas toujours évident.

ACTIVITÉ

L'intelligence émotionnelle

JE RECONNAIS MES ÉMOTIONS

Choisissez dans un livre d'enfant comportant des illustrations, ou sur Internet, des images de personnages ou d'animaux qui présentent une émotion. Demandez à votre enfant de sélectionner une image et faites-le parler des liens entre l'émotion du personnage et ses causes possibles. Puis choisissez une image qui correspond à l'émotion que votre enfant vient de ressentir. Engagez un dialogue avec votre enfant pour l'aider à comprendre ce qui s'est passé. La verbalisation, par l'intermédiaire d'images et de personnages, sera ainsi facilitée. Faites ces activités ponctuellement, pour lui apprendre à établir des liens entre situations-problèmes et émotions.

MON CONSEIL

Laissez-lui un peu de temps. Attendez que les émotions soient moins intenses pour l'encourager à s'exprimer. Une fois que l'émotion sera redescendue, vous pourrez l'aider à verbaliser. S'il n'y parvient pas oralement, pensez à des alternatives, faites-le dessiner ou écrire et utilisez ces supports pour engager le dialogue. Verbaliser son émotion l'aidera à en réduire l'intensité la prochaine fois, cela lui permettra d'identifier un lien entre une situation et l'émotion qu'elle peut susciter. Cela lui permettra de développer progressivement son intelligence émotionnelle.

Nos émotions sont des réponses adaptatives comportementales et physiologiques (agréables ou désagréables) provoquées directement par des situations qui sont significatives pour nous. Chacun d'entre nous, enfant ou adulte, peut apprendre à mieux connaître ses émotions, à comprendre ses propres mécanismes émotionnels et à les réguler, ainsi que les comportements qu'ils déclenchent, pour atteindre un meilleur équilibre.

Ce que l'on appelle **intelligence émotionnelle**, c'est la capacité à reconnaître, comprendre et réguler ses propres émotions pour s'adapter à des situations différentes ; c'est aussi comprendre les émotions des autres et apprendre à composer avec ces dernières. Travailler sur l'intelligence émotionnelle de son enfant, c'est lui donner un certain nombre de clés pour l'avenir.

2. Mais c'est rien, arrête tout de suite !

Vous voulez rassurer votre enfant, c'est très bien, vous essayez de minimiser l'importance de l'événement qui a déclenché sa réaction émotionnelle. Mais ce n'est pas la bonne stratégie. Cette phrase, en effet, peut donner l'impression de nier l'émotion ou la peur ressentie. Or, votre enfant vit intensément l'émotion qu'il manifeste, il n'est pas en mesure de comprendre vos propos et ne va sans doute pas réagir comme vous le souhaiteriez.

La première chose à faire est de tenter de faire redescendre cette émotion. Une sensation tactile est souvent source de réconfort. Pour calmer votre enfant, dans un premier temps, faites un geste qui rassure : mettez les mains sur un point douloureux, par exemple. Avec un très jeune enfant, faites un « bisou magique » qui enlève tous les maux. Ces gestes et sensations tactiles, accompagnés de propos rassurants, vont contribuer à diminuer l'émotion sans la nier. Il sera possible, ensuite, d'engager plus facilement le dialogue pour tenter de saisir les causes du désarroi de l'enfant.

TENIR COMPTE DES STADES DE DÉVELOPPEMENT DE VOTRE ENFANT

- Un enfant très jeune, qui ne maîtrise pas le langage, explore son environnement et apprend beaucoup par imitation. Il faut utiliser des phrases simples et des gestes pour communiquer avec lui.
- Au fur et à mesure de sa croissance, il faudra adapter votre communication à ses capacités émergentes et le stimuler sans lui demander l'impossible.
- Chaque enfant se développe à son propre rythme, mais en tant que parent, vous avez un rôle important à jouer pour soutenir le développement moteur, sensoriel, social, affectif et intellectuel de votre enfant.

ACTIVITÉS

Comment apaiser son enfant ?

1. LES BISOUS MAGIQUES ET LES MAINS

Ayez recours à la communication non verbale (tactile, gestuelle) pour calmer votre enfant, le réconforter et faire redescendre ses émotions, en accompagnant vos gestes de propos rassurants qui ne nient pas les émotions (comme « ça va aller », etc.). C'est une première étape indispensable. Vous pourrez alors demander ce qui s'est passé et l'aider à comprendre ses réactions devant certaines situations. Dans les cas d'anxiété, de peur ou de colère, où les causes ne sont pas toujours facilement identifiables, des activités de reconnaissance et de gestion des émotions seront utiles pour aider à reconnaître l'émotion, à comprendre ce qui a pu la déclencher, puis à mieux la gérer, pour avoir des réponses plus adaptées en grandissant.

2. UNE COMMUNICATION TACTILE POUR FAIRE REDESCENDRE LES ÉMOTIONS

Dites à votre enfant que vous allez faire partir la douleur, l'anxiété ou la peur grâce aux « bisous magiques ». Le contact va le rassurer et permettre de diminuer sa réponse émotionnelle. La verbalisation sera ainsi facilitée. Vous pouvez aussi apposer les mains : ce geste aura un effet calmant et permettra de sortir de la phase intense de la réaction pour engager l'enfant dans la communication et l'échange.

3. MON PORTRAIT EN COULEURS

Si votre enfant est un peu plus âgé, faites d'abord redescendre son émotion en utilisant les techniques ci-dessus. Lorsqu'il s'est calmé, donnez-lui des crayons de couleur et demandez-lui quelles couleurs il associe à telle ou telle émotion. Puis demandez-lui de se dessiner au moment de l'incident, et amenez-le progressivement à découvrir ce qui a pu déclencher sa réaction. Le dessin est un excellent vecteur pour engager l'enfant dans l'expression et la découverte de soi.

3. T'es ridicule !

Ce type de phrase anodine, comme la précédente, nie l'émotion de votre enfant. Elle n'aide pas à sortir de la situation, mais transmet implicitement le message que les émotions qui le bouleversent n'ont pas vraiment d'importance, qu'elles doivent être réprimées, ignorées, qu'elles n'ont pas de raison d'être. Or, il est bien plus utile d'apprendre à reconnaître et à réguler ses émotions qu'à les renier.

Prenez les émotions de votre enfant au sérieux. Chaque enfant a une sensibilité qui lui est propre. Non seulement votre enfant a besoin d'être compris et réconforté, mais il a aussi besoin de développer son intelligence émotionnelle, d'avoir des réponses adaptées aux situations. **Plus vous ignorez ses émotions, plus elles risquent de croître en intensité.** Personne n'est parfait, et en tant que parent, vous devez aussi faire des efforts sur vous-même pour adopter des comportements positifs. Si votre enfant vous voit crier, jeter des objets, réagir de façon impulsive, il y a de fortes chances pour qu'il fasse la même chose. L'apprentissage émotionnel se fait aussi par imitation.

Comment faire ?

Efforcez-vous de canaliser vos propres émotions, de mettre des mots dessus, d'expliquer, et votre enfant aura tendance à en faire de même. Ces démarches de reconnaissance des émotions, de verbalisation, puis de meilleure compréhension des mécanismes émotionnels seront porteuses d'enseignement pour vous aussi. Elles garantiront à votre enfant un meilleur équilibre à l'avenir.

ACTIVITÉS

J'apprends à reconnaître mes émotions

1. LE TABLEAU DE L'ÉVEIL AUX ÉMOTIONS

Montrez d'abord à l'enfant le visage dans le tableau ci-dessous. Demandez-lui ensuite de nommer l'émotion, puis les situations dans lesquelles il peut les ressentir. Commencez par les émotions de base. Engagez un dialogue avec votre enfant, faites-le verbaliser, faites-lui faire des associations avec des situations. Expliquez-lui dans quelles circonstances vous ressentez certaines émotions, donnez des exemples simples et concrets. Cette activité pourra être reprise ensuite avec des supports différents (livres illustrés, vignettes, etc.). Elle constitue un bon départ pour la sensibilisation et la prise de conscience.

RECONNAÎTRE	NOMMER	ASSOCIER À UNE SITUATION
	La peur	
	La colère	
	La joie	
	La tristesse	
	La surprise	
	Le dégoût	

2. MES ÉMOTIONS ET MON CORPS

Reprenez les supports évoqués ci-dessus (livres illustrés, vignettes, etc.) pour l'identification des émotions de base. Travaillez cette fois sur les réactions corporelles liées aux émotions, en commençant par des émotions agréables, puis en passant aux émotions négatives et aux stratégies possibles pour en diminuer l'intensité. Faites formuler à l'enfant des choix possibles.

L'ÉMOTION	LE CORPS ET L'ÉMOTION	CE QUE JE PEUX FAIRE...
La joie	Je me sens léger, j'ai envie de sauter, de danser...	Je fais des pas de danse.
La colère	J'ai la gorge serrée, j'ai chaud, j'ai mal au ventre, mes dents sont serrées, mes muscles tendus, etc.	Je prends un oreiller, je tape dessus, je prends des boules de papier et je les jette. J'apprends à respirer lentement et profondément en écoutant ma respiration...
La peur	Je tremble, je ne peux plus bouger, j'ai le cœur qui bat très vite...	Je réclame un câlin.
La tristesse	Je n'ai plus de force, je pleure, je n'ai pas envie de jouer...	Je prends un doudou.

4. Non, on ne laisse pas la lumière allumée, tu dois dormir !

Votre enfant fait des cauchemars ou a peur du noir. Il veut laisser une lumière allumée pour se rassurer. Ne niez pas cette peur. Ne vous moquez pas de lui, cela ne fera qu'amplifier son angoisse et son sommeil s'en trouvera altéré, avec des conséquences négatives sur sa santé. Il faut apaiser la situation.

Discutez-en avec lui. Qu'est-ce qui lui fait peur exactement ? Reprenez les activités sur les émotions, concentrez-vous sur la peur. Essayez de lui faire dire pourquoi il n'a pas peur le jour dans sa chambre, mais la nuit. **Pour la peur du noir, pensez à faire l'acquisition d'une petite veilleuse ;** elle aura un effet calmant et le rassurera.

MON CONSEIL : si votre enfant fait des cauchemars, veillez à instaurer une routine de coucher apaisante : tout d'abord, pas d'écran, d'ordinateur ou de tablette dans sa chambre. Le coucher doit s'effectuer à des heures régulières. Selon les préférences de l'enfant, faites-lui écouter un peu de musique douce, lisez-lui une histoire qu'il aime et permettez-lui d'avoir dans son lit un objet rassurant et doux.

ACTIVITÉ

Je dessine mon cauchemar et j'en triomphe

Dessiner son émotion, la prendre en compte et l'exprimer va permettre d'en réduire l'intensité. Prenez soin de faire cette activité pendant la journée, bien avant le coucher qui doit être un rituel apaisant.

Incitez votre enfant à exprimer son cauchemar par le dessin. Aidez-le ensuite à en modifier la fin pour aboutir à quelque chose de positif (par exemple, il triomphera face au monstre). Faites le lien avec des histoires que votre enfant connaît, inscrivez son cauchemar dans une narration dessinée ou racontée qui débouche sur une fin heureuse.

L'ATTACHEMENT SÉCURE

L'attachement sécure, c'est l'attachement favorisé par une attitude parentale réceptive et sensible aux besoins de l'enfant. Il fournit une base de sécurité pour explorer le monde. L'existence d'un environnement prévisible, la proximité physique, le réconfort de l'enfant en bas âge sont les fondements d'un attachement sécure. L'enfant sécure sera plus autonome, il aura un sentiment de plus grande sécurité affective, moins de difficultés à trouver du soutien en cas de besoin, et plus d'aisance dans ses relations aux autres. Il saura mieux réguler ses émotions. Ce type d'attachement augmente la résistance au stress et facilite la capacité à rebondir.

L'attachement sécure est susceptible d'évoluer au cours de l'existence, certes, mais la base acquise pendant la prime enfance reste primordiale : l'enfance est le moment clé des mécanismes d'attachement. Un foyer chaleureux où l'enfant se sent en sécurité, aimé et accepté tel qu'il est, permet le développement et le maintien d'une forme d'attachement sécure. L'enfant sera ainsi mieux armé pour faire face aux situations difficiles qu'il devra surmonter à l'avenir.

5. Arrête d'être toujours dans mes pattes !

Votre enfant vous suit partout, il se colle à vous, il n'est pas du tout indépendant et parfois franchement irritant. Vous avez beaucoup de choses à faire, ce n'est pas possible d'être comme ça, il y a un temps pour tout, pourquoi est-ce qu'il ne comprend pas ?

Si votre enfant est très tactile, c'est parce que le toucher est une forme fondamentale de communication. **Lorsque l'enfant n'est pas encore au stade verbal,** qu'il ne maîtrise pas le langage, **c'est le contact physique avec ses parents qui va le rassurer.** Il fera peu à peu l'acquisition du langage, naturellement, mais la communication tactile demeurera primordiale. Gestes, caresses, bisous sont indispensables.

Malgré l'amour que vous avez pour vos enfants, vous n'êtes peut-être pas très tactile. N'hésitez pas à vous interroger : durant votre enfance, il est possible que vos parents n'aient guère été enclins aux caresses et autres formes de communication tactile... Alors ne rejetez pas votre enfant. Travaillez sur vous-même et faites des efforts. Si ce n'est pas le cas, votre enfant sera sans doute préoccupé, il souffrira peut-être d'insécurité. Dans ce cas, essayez de l'aider à verbaliser en utilisant les techniques de prise de conscience des émotions.

LE PETIT +

Préparez votre enfant à gérer les moments où vous êtes disponible et ceux où vous l'êtes moins : ne le rejetez pas, cela exacerbe sa vulnérabilité. Favorisez au contraire le développement d'un attachement sécure (voir p. 15) en rassurant votre enfant, puis en lui expliquant clairement pourquoi vous êtes occupé et quand vous aurez terminé.

Assurez-vous que son comportement n'est pas dû à quelque chose d'anormal.

Il est bien sûr indispensable de se ménager certaines plages où l'on peut vaquer à ses occupations sans être constamment dérangé. La meilleure façon d'habituer votre enfant à cela, c'est de le lui expliquer simplement, avec des mots et des règles qu'il peut comprendre.

Comment procéder ?

Rappelez-vous qu'un enfant très jeune a beaucoup de difficultés à comprendre le point de vue de quelqu'un d'autre. Il peut donc facilement s'impatienter, paraître exigeant, voire tyrannique. Si vous devez répondre à ses besoins physiques immédiats (soif, faim, etc.) et à ses besoins affectifs (il veut être rassuré par un câlin, par exemple), il faut aussi apprendre progressivement à votre enfant à se montrer patient, au fur et à mesure qu'il grandit.

Pour cela, il faut lui expliquer en termes très clairs pourquoi vous ne pouvez pas répondre à sa demande immédiatement. Il faut lui donner des repères concrets. Faites-lui un câlin, puis expliquez que vous avez quelque chose à faire et que s'il respecte « la règle du jeu », vous ferez une activité avec lui par la suite.

Exemple : « Maintenant je dois préparer le repas, mais après, quand on aura déjeuné, je vais jouer avec toi (te lire un livre, t'amener au parc, etc.). Je sais que tu es capable d'attendre. » Suggérez-lui une activité pendant que vous êtes occupé(e), félicitez-le de sa bonne volonté et surtout respectez la règle du jeu : tenez parole. Cette approche sera sécurisante pour votre enfant et vous lui donnerez un exemple qui pourra lui servir dans sa vie sociale.

6. Tu es trop sensible !

Vous avez l'impression que votre enfant est un écorché vif ? Il rentre de l'école blessé par les remarques de ses camarades, il sanglote à tout bout de champ, il vous demande une énergie folle…

Ne le rejetez pas, ne minimisez pas ses émotions, pratiquez l'écoute empathique. Être submergé par ses émotions, cela nous arrive aussi ! Certes, les circonstances sont souvent différentes, car nous avons appris à les juguler. Mais le cerveau d'un enfant n'est pas mature et les processus de gestion des émotions ne sont pas encore efficaces.

Comment faire ?

Lorsque votre enfant réagit vivement à une situation qui vous paraît anodine, pensez à un événement qui vous a causé une émotion particulièrement forte et imaginez-vous ce qu'il ressent, lui qui n'a pas encore la capacité de prendre du recul, de réguler la tempête émotionnelle qu'il traverse. **Pensez à la façon dont vous auriez aimé être aidé.** Vous comprendrez alors mieux la situation qu'il vit. Votre enfant a besoin de vous dans ces moments-là : ne le rejetez pas !

MON CONSEIL : au lieu de porter un jugement, pratiquez l'écoute empathique, parlez calmement. Aidez votre enfant à mettre des mots sur ce qui se passe. Montrez-lui que ses émotions sont légitimes et reconnaissez l'impact que cet événement a pu avoir sur lui. Nommez l'émotion, cela le réconfortera. « Je vois que cela te rend triste », « je vois que tu as peur », etc. Suggérez des choses à faire ou à dire dans ces circonstances. Ayez recours aux différentes techniques (voir p. ci-contre) pour la prise de conscience, la verbalisation et la régulation des émotions.

ACTIVITÉS Je dessine mes émotions, je fabrique ma boîte à émotions

Faites dessiner à votre enfant ses émotions pour en parler, essayez de lui faire dire dans quelle partie du corps il ressent le plus l'émotion. Lisez ensemble des livres d'enfants portant sur les émotions, utilisez les différents outils pour la reconnaissance et la gestion des émotions présentés dans cet ouvrage. Si vous le faites régulièrement, toutes ces techniques développeront les capacités de votre enfant à prendre conscience de ce qui se passe et à verbaliser.

Il apprendra ainsi à mieux identifier et comprendre ses mécanismes émotionnels et à mieux les gérer. Il améliorera ses habiletés sociales et deviendra un adulte plus équilibré, plus apte à surmonter les difficultés. Vous pouvez lui faire fabriquer une boîte en carton qu'il décorera lui-même, dans laquelle il pourra ranger ses dessins, ses livres et ses vignettes. Ces différents supports serviront dans de nombreuses activités de prise de conscience et d'apprentissage de la gestion des émotions.

Le journal

Si votre enfant est en âge d'écrire, offrez-lui un carnet ou un cahier où il pourra consigner ses pensées et ses émotions. Choisissez un joli modèle, avec des couleurs et des motifs susceptibles de lui plaire. L'écriture a une fonction thérapeutique et ce journal pourra devenir un partenaire privilégié. Respectez la vie privée de votre enfant et ne lisez pas son journal.

7. Mais ne t'inquiète pas !

Cette phrase en elle seule, qui cherche pourtant à rassurer, n'apporte rien. Si votre enfant est anxieux, ce ne sont pas ces simples mots qui feront disparaître son anxiété. Il vaut mieux l'amener à verbaliser, dans un premier temps, pour qu'il envisage la situation de manière différente par la suite. Pratiquez d'abord l'écoute empathique : laissez votre enfant s'exprimer sur la cause de son anxiété, sans porter de jugement.

- Ne minimisez pas ce qu'il ressent, écoutez-le en respectant ce qu'il vit.

- N'interprétez pas les choses à sa place, ne plaquez pas de mots sur ce qu'il raconte : « Ah ! c'est parce que… »

- Ne le plaignez pas (il ne s'agit pas de s'apitoyer sur son sort, mais de l'aider à modifier ses schémas de pensée).

- Ne lui donnez pas d'ordres ni de conseils (« tu n'as qu'à…»). Si combattre son anxiété était si simple que cela, votre enfant l'aurait sans doute déjà fait.

- Ne lui proposez pas de soutien personnel à ce stade (« maman va t'aider… »), car vous risqueriez de réduire son autonomie et sa confiance en sa capacité individuelle à faire face.

Comment procéder ?

Une fois que vous avez écouté votre enfant, vous pouvez employer une technique relativement simple pour l'aider à combattre les pensées qui sont sources d'anxiété. Il s'agit tout simplement de le guider pour qu'il aille de ses pensées négatives vers d'autres plus positives.

ACTIVITÉ

Pensées rouges et pensées vertes

- L'activité ci-dessous se pratique généralement avec des enfants de 6-7 ans et plus. À partir de cet âge, en effet, l'enfant développe des capacités de raisonnement, de logique et de généralisation.
- Il s'agit de remplir un tableau qui comprend deux colonnes. Dans la première, on inscrira en rouge les pensées anxiogènes que l'enfant sera amené à formuler. Par exemple : « Je vais avoir une mauvaise note au contrôle. » Ensuite, à partir de cette « pensée rouge », on va conduire l'enfant à voir les choses autrement, à envisager des « pensées vertes », des perspectives différentes, qui vont l'aider à diminuer son anxiété.
- **L'emploi des codes de couleur permet de visualiser et d'opposer simplement les pensées anxiogènes de départ aux pensées alternatives** qui viendront en réduire l'impact. Dans le cas de la « pensée rouge » formulée ci-dessus : « Je vais avoir une mauvaise note au contrôle », la « pensée verte » correspondante pourrait être : « Si je fais mon travail, il n'y a pas de raison que j'échoue. » Bien sûr, il peut y avoir plusieurs « pensées vertes » pour une seule « pensée rouge ».
- L'objectif de cet exercice consiste à prendre de la distance, à voir la situation sous des angles différents. Il s'agit de ne pas se laisser envahir par l'anxiété et d'apprendre progressivement des stratégies pour la surmonter.
- Si votre enfant éprouve des difficultés à se détacher personnellement de ses pensées négatives, ayez recours à un personnage qui servira de médiation. Par exemple, demandez-lui ce qu'il dirait à son ami ou à son personnage de fiction préféré si celui-ci lui disait la « pensée rouge » ? Comment s'y prendrait-il pour lui montrer une autre façon de voir les choses ?
- Le tableau, une fois rempli, pourra être affiché dans sa chambre, par exemple.

MES PENSÉES ROUGES ET MES PENSÉES VERTES

PENSÉES ROUGES	PENSÉES VERTES
....	....
....	....
....	....
....	....

8. Arrête de faire le bébé, papa et moi, on sort juste quelques heures !

Ça y est, pour une fois que vous aviez enfin une soirée à vous, que tout avait bien marché, que vous aviez trouvé une personne de confiance pour garder votre enfant, voilà qu'il se met à pleurer et à trépigner : il ne veut pas que vous partiez ! Plutôt que de vous énerver, il est plus constructif de lui donner une meilleure notion du temps.

Comment faire ?

Un jeune enfant a du mal à saisir la notion du temps : il est anxieux, voire angoissé, parce qu'il ne comprend pas encore cette notion de durée.

Entre 2 et 7 ans, l'enfant apprend par imitation. Il peut s'engager petit à petit dans des jeux symboliques (jouer à être un autre personnage, etc.), faire des dessins, manipuler des images mentales simples et développer peu à peu sa capacité à se mettre à la place des autres. Il va pouvoir commencer à comparer, à généraliser, mais il aura encore peu de nuances. Le recours à des supports visuels est alors très utile, puisqu'il lui permettra de saisir progressivement des notions abstraites, ce qui favorisera son développement.

En ce qui concerne le temps – qui demeure pour le jeune enfant une notion bien abstraite –, **la meilleure chose est de l'habituer à l'appréhender, par des activités progressives,** en lui permettant de visualiser le déroulement d'une de ses journées, par exemple. Cela lui donnera des repères temporels, même s'il ne peut encore maîtriser la notion de l'heure, trop abstraite pour un tout-petit.

LE PETIT +

Ne culpabilisez pas ! Il est indispensable, pour une vie de famille équilibrée de savoir prendre du temps pour soi et pour son couple. La clé est d'apprendre à votre enfant, tout en le rassurant, à mieux comprendre l'alternance des moments d'absence et de présence de ses parents, cela lui permettra de s'épanouir et vous aussi !

ACTIVITÉ

Mon emploi du temps quotidien

Selon l'âge de l'enfant, faites un tableau plus ou moins détaillé de son emploi du temps quotidien. Utilisez des vignettes, faites-le dessiner, colorier, etc. Utilisez des repères temporels simples (le soleil, la lune) et des repères spatiaux en lien avec le temps, faites-lui faire des associations entre les moments de la journée, les endroits où il est le plus souvent et ses activités les plus fréquentes. Ce cadre temporel rassurant lui permettra de mieux saisir la notion du temps qui passe. Montrez-lui sur ce calendrier que papa et maman ne vont s'absenter que pendant une des périodes (à midi, le soir) et qu'ils reviendront à la suivante. Le fait que ces moments d'absence soient représentés visuellement, dans le cadre de ses activités, lui permettra de mieux comprendre et contribuera à l'apaiser.

MON EMPLOI DU TEMPS

REPÈRE TEMPOREL	REPÈRE SPATIAL JE SUIS SOUVENT :	MES ACTIVITÉS
Le matin	Dans ma chambre Dans la cuisine Dans la salle de bains	Je me lève, je prends mon petit déjeuner, je me brosse les dents…
À midi	Dans la cuisine	Je mange mes repas
L'après-midi	Dans le jardin, au parc…	Je joue
Le soir	Dans la cuisine Dans le salon Dans ma chambre	Je dîne, je me brosse les dents, je lis une histoire…
La nuit	Dans ma chambre	Je dors

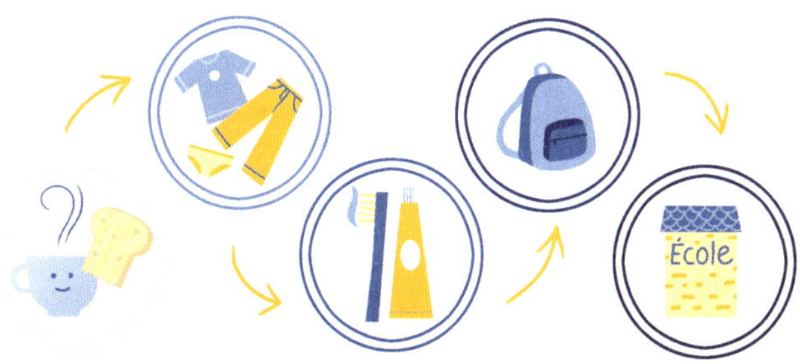

9. Tu es vraiment insupportable !

Nous l'avons tous dite ou entendue, non ? Cette phrase si banale demande cependant à être réexaminée. Formulée de cette façon, elle critique en effet l'enfant dans la totalité de son être. Or, ce qui est potentiellement critiquable, c'est son comportement. Si vous critiquez votre enfant en tant que personne, il va se sentir rejeté, atteint dans son amour-propre et son estime de soi, mais il ne va pas forcément comprendre pourquoi son comportement doit être modifié.

Comment procéder ?

Pour aider votre enfant à comprendre les relations de cause à effet (pourquoi un comportement donné a des conséquences pour les autres, par exemple), il faut lui rendre les choses explicites. Citez les faits et n'utilisez pas le « tu ». Faites-lui comprendre pourquoi ce qu'il a fait n'est pas bien, de façon simple et précise.

Aidez-le à reconnaître et identifier les ressorts émotionnels qui ont pu aboutir à son comportement indésirable (la colère, la peur, par exemple). Parfois, il s'agit seulement d'une fatigue physique, mais bien souvent, les situations sont plus complexes et une simple prise de conscience des émotions dans des contextes divers vont aider l'enfant à développer progressivement une meilleure compréhension de ses états émotionnels. Il y trouvera aussi des réponses plus adaptées lorsqu'il comprendra peu à peu les liens de cause à effet entre certaines de ses émotions et certains de ses comportements.

Bon à savoir

Une de règles clé de la bonne communication, c'est de s'en tenir à des faits concrets, sans être dans le jugement. Rappelez les faits, puis expliquez l'impact du comportement problématique sur les autres. Formulez ensuite clairement et simplement une demande de comportement qui soit réalisable. Aidez votre enfant à réfléchir à un comportement différent qu'il pourra adopter à l'avenir, en proposant un scénario alternatif, en donnant des exemples qui l'aideront à envisager d'autres possibilités.

ACTIVITÉ Je partage mes émotions, je comprends celles des autres

- Cette activité permet de s'assurer que l'enfant a bien compris le sens de chaque émotion. Racontez dans quelle situation vous avez ressenti chaque émotion, puis demandez-lui dans quelles circonstances il a pu les ressentir aussi.

- Les livres constituent toujours un bon support pour apprendre la gestion des émotions.

- Demandez-lui comment se sent tel ou tel personnage de l'histoire, les causes possibles de ses émotions, de ses comportements, ainsi que leurs conséquences sur l'entourage. Faites-le réfléchir : « Qu'est-ce qui se passerait si... ? »

- Ces exercices lui permettront de prendre conscience de l'impact des actes sur autrui ; ils amélioreront son intelligence émotionnelle et ses capacités d'empathie, car il sera plus à même de comprendre comment une autre personne peut être affectée par ses comportements.

10. Dis à papa/maman ce que tu as fait ce matin !

Votre enfant a fait une bêtise, il s'est mal comporté, en l'absence de l'autre parent. Vous l'avez grondé, mais au retour de votre conjoint(e), vous voulez insister, pour tenter de bien faire entrer le message. L'intention est peut-être bonne, mais la méthode ne l'est pas! Si l'on veut discuter d'un comportement problématique, il ne faut pas l'aborder sous cet angle.

Distiller un sentiment de honte chez votre enfant ne règlera pas le problème, mais au contraire, l'inhibera par la suite. La honte suscite un repli et affaiblit l'estime de soi (on se sent « petit », « diminué », mais on n'a pas forcément envie de changer de comportement).

En outre, votre enfant, va avec le temps craindre le jugement d'autrui, manquer de confiance en lui. **Il ne va pas apprendre à faire la distinction entre ce qu'il est en tant que personne et ses actes, or il est indispensable qu'il le fasse.** Susciter la honte n'aide pas à comprendre en quoi un comportement pose problème, pourquoi il faut essayer de le modifier à l'avenir et comment y parvenir. Il faut ensuite apprendre progressivement à développer son empathie, c'est-à-dire la capacité à se mettre à la place d'une autre personne, à comprendre ses sentiments.

Comment faire ?

Pour traiter la question, il faut adopter une stratégie collective de résolution de problème. Il faut mettre la situation à plat, faire raconter ou dessiner la situation, sans tenter de susciter la honte, juste pour rappeler les faits.

Il faut ensuite faire imaginer des réactions différentes, qui auraient pu contribuer à ce que les choses se déroulent mieux, puis tenter de trouver pour l'avenir une alternative au comportement qui a posé problème.

ACTIVITÉ

Trouver l'autre scénario

• La mise en œuvre de la méthode passe par le rappel de la situation concrète, suivie par la formulation d'un autre scénario possible, qui peut être imaginée collectivement. Par exemple, si votre enfant s'est disputé avec son frère ou sa sœur, il peut raconter ce qui s'est passé. Puis, on lui demande comment il aurait pu réagir autrement, pour que les choses se passent mieux. On essaie de lui faire prendre conscience des conséquences de ses actes sur autrui, et d'envisager d'autres façons possibles de fonctionner, pour encourager le développement de l'empathie.

• Il est bon de laisser l'enfant réfléchir et verbaliser, de l'encourager à trouver des actions possibles par lui-même. S'il ne trouve vraiment pas, on peut avancer des solutions alternatives, jusqu'à ce qu'il en choisisse une qui lui paraisse possible à mettre en place, en le laissant choisir.

• De cette façon, lorsque votre enfant s'engage avec vous activement dans une recherche de solution, il est beaucoup plus susceptible de l'adopter par la suite parce qu'il l'aura partiellement intériorisée. Ce sera sa proposition, pas celle qu'on lui a imposée.

11. Bon, fais comme tu veux, après tout ça m'est égal !

Votre enfant répétait sans cesse la même requête ; il pleurait, trépignait ; vous étiez fatigué et vous avez fini par céder pour avoir la paix ! Mais en capitulant de la sorte, vous avez créé un dangereux précédent. La leçon implicite que votre enfant tire de cet incident, c'est que vous pousser à bout, tempêter, voire trépigner porte ses fruits. Pour lui, s'il vous tient tête, il pourra obtenir gain de cause. Or, une fois la mécanique enclenchée, il est bien difficile de l'enrayer...

Comment faire ?

En fonction de l'âge de votre enfant et de son développement, les stratégies seront différentes, mais **savoir poser des limites et s'y tenir est une compétence parentale indispensable.** Il ne s'agit pas d'être rigide, d'abuser du « non », mais de savoir se positionner sans culpabiliser ni revenir en arrière. Votre enfant va devoir comprendre qu'il ne peut pas avoir tout ce qu'il veut et apprendre à gérer sa frustration. Laissez-le évacuer ses émotions, même si c'est parfois pénible. Si nécessaire, mettez-le sur un lit et attendez qu'il se calme. Lorsque l'émotion aura baissé d'un cran, il sera possible de faire des activités de reconnaissance et de gestion des émotions. Votre enfant apprendra ainsi progressivement à se réguler. En sachant poser des limites et en vous y tenant, vous lui rendrez service. Appliquez ces règles avec constance, car cela est sécurisant.

Pour certaines requêtes, il est possible de ne pas dire non, tout en posant certaines conditions que vous formulerez de façon positive. Par exemple, à la question : « Je peux aller jouer dehors ? », la réponse pourra simplement être : « Oui, mais quand tu auras fini tes devoirs », plutôt que « Non, tu finis tes devoirs d'abord ! ».

ACTIVITÉS

Décharger ses émotions

LA RESPIRATION ABDOMINALE

Apprendre à respirer par le ventre pendant quelques secondes, pour faire descendre la colère ou l'anxiété, est une excellente technique que vous pouvez pratiquez avec votre enfant à l'issue de séances sur les émotions.

LE TABLEAU DES ÉMOTIONS

Travaillez sur le tableau des émotions et plus spécifiquement sur la colère (voir les tableaux des activités pp. 9 et 11). Apprenez à votre enfant à verbaliser, à mieux comprendre ses ressorts émotionnels et éventuellement à les réguler, grâce à la verbalisation, à la mise à distance et à l'acquisition progressive d'outils pour la régulation.

LA DÉCHARGE MOTRICE ET LES OUTILS TACTILES

Dans la maison, on peut aménager un coin pour se calmer et se détendre, avec des objets permettant la décharge motrice (tapis de sol, gros coussin, balles anti-stress, ballons sensoriels, rouleau de massage, pâte malléable, etc.) et/ou la détente (objet lumineux apaisant, tente, fauteuil à billes, grosses peluches, etc.). Ce type d'espace peut aider un enfant qui a des difficultés à moduler ses émotions. Si votre enfant a des problèmes importants qui perdurent, consultez un psychologue spécialisé.

Il analysera la situation pour mieux comprendre les déclencheurs et travailler sur le long terme, pour apprendre à votre enfant à avoir des stratégies de régulation émotionnelle plus adaptées.

LE THERMOMÈTRE DE L'ÉMOTION

Le thermomètre de l'émotion est un support visuel que l'on trouve facilement sur Internet. Tout comme le tableau, il permet d'apprendre à reconnaître ses émotions, à en parler, à les contextualiser, à se situer sur une échelle une fois que l'émotion est redescendue, à en reconnaître les symptômes physiques. Ce travail en amont donne une base pour aborder les liens entre situations et réactions émotionnelles, afin de travailler ensuite sur l'acquisition progressive de techniques de régulation, comme celles présentées dans « la roue des choix ».

ACTIVITÉ

La roue des choix

- La roue des choix est un outil que l'on trouve en ligne et qui présente de façon ludique différentes stratégies pour apprendre à gérer la colère. Il en existe différentes versions, selon l'âge de développement de l'enfant.

- L'intérêt de ce support, que l'on utilise après des séances de sensibilisation aux émotions, c'est qu'il ofrre plusieurs alternatives à l'enfant, qui peut alors choisir la solution qu'il souhaite essayer. Cette approche développe ses capacités de résolution de problèmes et lui apporte des outils pour la gestion des conflits. Par exemple, l'enfant peut choisir de s'isoler et de respirer, de taper dans un coussin, de souffler sur le volcan de la colère, de dessiner, etc. Ce qui est important, c'est qu'il prenne conscience des mécanismes, qu'il verbalise son ressenti, et qu'il apprenne progressivement des techniques qui lui conviennent pour réguler ses propres émotions.

12. Mais arrête donc de pleurnicher !

C'est vraiment horripilant ! Votre enfant ne peut pas parler normalement, il pleurniche sans arrêt, pour n'importe quelle raison, et cela vous porte vraiment sur le système ! Il est normal qu'un enfant se plaigne ou qu'il soit frustré, mais si ce comportement est très fréquent, il faut utiliser des stratégies pour l'aider à perdre cette habitude.

Pourquoi ?

La pensée de l'enfant jeune est centrée avant tout sur lui-même. Il met bien du temps à comprendre qu'il ne peut pas toujours avoir ce qu'il veut. Son langage n'est pas encore très développé, il ne trouve pas toujours les mots pour s'exprimer, ce qui peut être une source de frustration. **Parce qu'il veut être autonome, il lui arrive de pleurnicher lorsqu'il n'arrive pas à faire quelque chose tout seul.** Peut-être imite-t-il aussi le comportement d'une personne de son entourage qui pleurniche beaucoup... Il peut avoir l'impression que personne ne l'écoute ou, pire, il a compris que lorsqu'il pleurniche, il obtient ce qu'il veut.

Comment intervenir ?

Assurez-vous en premier lieu qu'il n'y a pas de cause physique particulière (grande fatigue, maladie). Expliquez à votre enfant que vous allez l'écouter, mais qu'il faut qu'il parle d'une voix normale. Écoutez-le alors attentivement quand il parle normalement, pour qu'il n'ait pas l'impression que seuls ses pleurnichements attirent votre attention. Félicitez-le lorsqu'il parle normalement pour demander quelque chose. Vous pouvez aussi faire un geste pour le rassurer et le réconforter. Dès qu'il recommence à pleurnicher, restez calme et dites-lui que vous répondrez à sa demande quand il s'exprimera correctement. Si vous êtes cohérent, votre enfant changera progressivement son comportement et cessera de pleurnicher à tout bout de champ.

13. Laisse-moi tranquille !

Vous êtes fatigué(e), stressé(e), vous revenez du travail et vous avez mal à la tête… Vous n'êtes pas disposé(e) à écouter votre enfant ! Mais le rejeter sans explications peut être très déstabilisant. Votre enfant ne doit pas croire que votre état actuel remet en question le lien qui vous unit.

Garantir la sécurité affective de votre enfant ne signifie pas qu'il faille être disponible en permanence. Quand vous ne vous sentez pas bien, il est naturel que vous ayez besoin de vous reposer. Mais vous devez faire attention à la manière dont vous formulez ce besoin.

Comment faire ?

Un « laisse-moi tranquille ! » lapidaire et sans explication est blessant. **Une courte explication, comme « je suis désolé(e), j'ai très mal à la tête, j'ai vraiment besoin de me reposer, ensuite ça ira mieux », est beaucoup plus efficace.** N'oubliez pas que si votre enfant est très jeune, il a encore du mal à se décentrer, à imaginer ce que les autres ressentent.

MON CONSEIL : rassurez votre enfant, surtout s'il est très jeune, en lui expliquant que vous ne vous sentez pas très bien et que vous avez besoin de dormir, de vous reposer jusqu'à ce que ça aille mieux. Vous lui apprendrez ainsi à être plus conscient des besoins des autres personnes, sans le blesser ni le rejeter.

ACTIVITÉ

Lui apprendre l'empathie

Prenez l'exemple d'une situation qu'il a vécue. Vous pouvez rappeler à l'enfant comment il se sentait quand il avait de la fièvre, mal au ventre, etc. Ainsi, vous l'engagerez à se mettre à la place des autres, à mieux comprendre leurs états, à devenir plus réceptif aux besoins des autres personnes.

14. Si tu ne fais pas ça, je ne t'aime plus !

Menacer votre enfant de lui retirer votre amour s'il n'obéit pas à une requête est une très mauvaise stratégie, même si vous le faites d'un ton léger. L'amour parental garantit un attachement sécure qui ne doit pas dépendre des circonstances.

Un parent doit aimer, guider, discipliner son enfant et le préparer au mieux pour sa vie d'adulte. Apprendre à votre enfant que votre amour dépend de son obéissance n'est pas une bonne leçon de vie. Il doit comprendre qu'il y a des règles à respecter, développer ses capacités d'empathie, mais aussi se sentir gratifié lorsqu'il fait preuve de bonne volonté. Prétendre rejeter son enfant est une mesure inefficace qui induit de l'anxiété. C'est un chantage affectif qui rendra votre enfant incapable de dire non aux autres, par crainte de ne pas être apprécié.

Comment faire ?

Il faut poser des règles simples et claires. **Employez l'expression « dès que… » plutôt que « si tu… ».** Dites, par exemple : « Dès que tu auras rangé tes jouets, tu pourras sortir jouer dans le jardin. » Utilisez le renforcement positif : quand l'enfant a accompli sa tâche, félicitez-le. Il aura envie de reproduire cette situation valorisante.

ACTIVITÉ

Je participe aux tâches familiales

Pour inciter votre enfant à accomplir une tâche, il faut l'y engager de façon positive. Par exemple, vous pouvez lui proposer de lui montrer comment faire quelque chose, le guider et l'encourager dans sa contribution, même si elle est minime. La plupart des jeunes enfants acceptent avec enthousiasme de faire une activité avec un adulte, si on leur présente cette possibilité d'une manière positive. Engager votre enfant à faire des choses simples avec vous dès son plus jeune âge (verser de la farine dans un saladier, remuer une pâte, arroser des fleurs, etc.) a de nombreux avantages : votre enfant va améliorer ses capacités motrices, il sera heureux de contribuer à la vie de la maison, vous renforcerez son autonomie et son sentiment d'appartenance à la famille, vous le responsabiliserez et vous augmenterez son estime de soi.

15. C'est pas un drame, tu en verras d'autres !

Bien sûr, de votre point de vue d'adulte, certaines des situations qui bouleversent votre enfant vous paraissent bien triviales : son meilleur copain déménage et ne sera plus dans le quartier, son professeur préféré est malade et il n'aime pas beaucoup le remplaçant, etc. Mais chaque étape de la vie apporte son lot de défis à surmonter et, pour votre enfant, ces problèmes sont vécus avec l'intensité propre à son âge.

Dire à un jeune enfant que les tumultes émotionnels ne font que commencer et qu'il va falloir s'attendre à pire risque de lui faire intérioriser des schémas négatifs qui ne lui seront pas utiles et ne lui apporteront aucun réconfort. Mieux vaut opter pour des stratégies plus constructives.

Bon à savoir

Un de premiers principes de l'éducation positive, c'est de savoir sortir de sa perspective d'adulte et de pratiquer l'empathie et l'écoute bienveillante. Il est facile d'oublier à quel point les émotions sont vécues avec intensité lorsqu'on est enfant.

La méthode EVCR-R (Écoute, Verbalisation-Respect, qui a pour objectif d'aider à Comprendre et Connaître les mécanismes émotionnels vous permettra de cibler une meilleure Régulation des émotions, pour favoriser le bon développement de votre enfant.

Comment procéder ?

Ne minimisez pas la vie affective et le ressenti de votre enfant. Sachez écouter sa souffrance, pratiquez l'écoute empathique, travaillez sur la verbalisation des émotions et sur les techniques pour les réguler, plutôt que d'écarter ce qui le tourmente comme si cela n'avait aucune importance. Au-delà des activités sur la prise de conscience et la gestion des émotions, proposez-lui des solutions concrètes. Vous pourriez lui dire, par exemple : « On pourrait inviter ton petit copain pour le week-end, bientôt », etc.

ACTIVITÉ

Je change mes habitudes

Pour changer vos propres habitudes, essayez d'identifier quelles sont vos pensées habituelles devant les réactions émotionnelles de votre enfant, puis consultez le tableau ci-dessous qui propose la méthode EVRC-R, qui cible la prise de conscience des émotions et l'apprentissage de leur gestion et de leur régulation.

CE QUE JE FAISAIS, CE QUE JE DISAIS AVANT…	CE QUE JE FAIS, CE QUE JE DIS MAINTENANT…	COCHER
	Je pratique la méthode EVRC-R :	
	• E pour Écoute : je pratique l'écoute empathique.	☐
• Les émotions de mon enfant m'impatientent un peu…	• V pour Verbalisation : j'aide mon enfant à verbaliser son émotion.	☐
	• R pour Respect : je respecte son émotion, je n'en minimise pas l'importance.	☐
• Si je suis trop à l'écoute, il va devenir encore plus sensible…	• C pour Comprendre et Connaître : j'aide mon enfant à reconnaître ses émotions, à en comprendre les mécanismes.	☐
• Il faut qu'il s'endurcisse…	• R pour Réguler : j'apprends à mon enfant des stratégies pour gérer et réguler ses émotions, j'utilise les outils pour le développement de l'intelligence émotionnelle.	☐

16. Tu devrais être content de l'arrivée de ton petit frère/ta petite sœur !

Si votre enfant était seul jusque-là dans la famille, cette nouvelle risque de le perturber. Certains enfants vivent parfois ce type d'événement avec difficulté. Tout un panel d'émotions est susceptible d'émerger: tristesse, jalousie, anxiété, ressentiment, colère, etc.

N'essayez pas d'imposer à votre enfant une émotion positive. Annoncez-lui la nouvelle en douceur. Respectez ses émotions, pratiquez l'écoute empathique, faites-lui comprendre qu'il ne va pas perdre sa place, que c'est normal qu'il ait des sentiments partagés. Afin de pouvoir en parler, et l'inciter à verbaliser, ayez recours à des livres de fiction qui présentent ce type de situation, tel *Un bébé arrive dans la famille !*, de William Sears (Chantecler, 2002).

Si votre enfant le souhaite, impliquez-le dans les préparatifs pour l'arrivée du nouveau-né : préparer la chambre, faire des courses, etc.

À l'arrivée du bébé, montrez à votre enfant qu'il va avoir un rôle à jouer : par exemple, participer au changement du bébé, au bain, etc. Assurez-vous de ne pas l'exclure de certains moments avec le nouveau-né : vous lui donnerez le sentiment qu'il fait partie de cette nouvelle expérience dans la vie familiale.

Attendez-vous à ce que votre enfant, même s'il réagit bien au début, passe par des phases de rejet vis-à-vis du nouveau venu : il pourra vous demander de le ramener à l'hôpital, par exemple. Il peut aussi tenter d'attirer votre attention en adoptant un comportement infantile qui ne correspond plus à son âge ; il peut même faire du mal à son frère ou sa sœur, l'accuser à tort, ou au contraire être très possessif, etc. Soyez vigilant, surveillez ses comportements, et veillez à organiser des moments de qualité en famille pour renforcer le sentiment d'appartenance.

Dans la mesure du possible, continuez d'accorder à votre enfant des moments privilégiés, essayez de respecter un équilibre entre le temps consacré à votre nourrisson et celui passé avec votre aîné(e).

ACTIVITÉS

Mon tableau affectif

- Pour pouvoir rassurer votre enfant sur ses liens et son appartenance à la famille, mettez dans sa chambre un tableau en liège. Choisissez avec lui, parmi ses préférées, des photos de ses amis et des membres de sa famille : son papa et sa maman, ses grands-parents, ses cousins, ses copains et ses copines d'école. Placez-les sur le tableau. Dans ce moment si particulier, où il a peur de perdre l'affection de ses proches, il prendra mieux conscience du cercle rassurant formé autour de lui.
- Sur le tableau, il peut ajouter des cartes postales, des commentaires, des dessins...

Ma boîte à petits bonheurs

Avec une boîte en carton, des papiers de couleur, des vignettes, etc., faites fabriquer à votre enfant une boîte à bonheurs dans laquelle il va mettre certaines de ses photos préférées, mais aussi de petits objets récoltés pendant les vacances, des souvenirs, des cartes postales, des dessins... Faites-lui ajouter régulièrement de nouveaux « petits bonheurs » depuis l'arrivée du bébé, des souvenirs de moments en famille. Il pourra entreposer ces objets, les ressortir, les manipuler, pour se rassurer et avoir une vision différente de sa situation et de sa place dans la famille et le cercle social.

17. C'est dégoûtant, à ton âge, faire encore pipi au lit !

L'énurésie (faire pipi au lit) est souvent liée à l'anxiété, n'en rajoutez pas ! La propreté nocturne est généralement acquise en dernier. On considère donc le « pipi au lit » comme problématique à partir de 5 ans. Avant cet âge, s'il s'agit de petits « accidents » sporadiques, et il est inutile de s'inquiéter.

Évitez de réprimander votre enfant, de le dévaloriser ou de le culpabiliser, cela ne fera qu'aggraver la situation. Il est bien plus efficace d'adopter un système de motivation, de donner des objectifs simples que l'enfant pourra visualiser. Si le problème persiste, malgré cette technique, la consultation d'un psychologue aidera à trouver l'événement qui a déclenché cette énurésie, et le travail thérapeutique pourra aider l'enfant à la contrôler progressivement, avant qu'elle ne génère trop d'anxiété. Il faut permettre à l'enfant d'avoir une vie sociale normale, d'aller dormir chez des amis, par exemple, sans crainte d'un incident.

ACTIVITÉ Le calendrier des nuits « sèches »

- Proposez à votre enfant un calendrier solaire et remplissez-le avec lui. Il dessinera un soleil pour chaque nuit « sèche ».
- Félicitez-le et récompensez-le quand les soleils s'accumulent.

18. Tu verras, la vie est dure !

Parce qu'ils n'ont ni l'expérience vécue ni la maturité d'un adulte, les enfants adhèrent aux convictions de leurs parents et intègrent leurs messages. Il faut les laisser interpréter la vie par eux-mêmes. L'enfance est un moment précieux. Ne projetez pas vos schémas négatifs sur vos enfants.

Comment faire ?

Si vous avez eu des expériences négatives au cours de votre vie, ne déversez pas votre amertume sur votre enfant ! Cultivez une passion, pratiquez un sport ou la méditation, et surtout, prenez du recul sur vos propres expériences de vie. Si vous ne parvenez pas à surmonter vos difficultés, consultez un spécialiste.

MON CONSEIL : une enfance sereine et épanouie est un passeport solide pour préparer à la vie d'adulte et à ses inévitables difficultés. Dans la mesure du possible, préservez votre enfant des problèmes graves. Ne lui ôtez pas trop tôt son insouciance.

ACTIVITÉ Pensées négatives, pensées positives

Faites le point sur vos propres émotions, sur vos biais possibles. Travaillez sur vos pensées négatives. Pour chacune d'elles, essayez d'imaginer une pensée positive qui viendrait la nuancer ou la contrebalancer.

MES PENSÉES NÉGATIVES...	MES PENSÉES POSITIVES...
....	....
....	....
....	....
....	....

19. Sois plus réaliste !

Oui, votre enfant va avoir 7 ans, qu'on appelle « l'âge de raison ». Pourquoi ce terme ? Parce que cette période de la vie représente une étape dans le développement de l'enfant. À partir de 7 ou 8 ans environ (avec des différences individuelles), le cerveau de l'enfant va se développer. Grâce à la maturation de son cerveau, l'enfant va pouvoir mettre en relation des informations complexes, il va acquérir de meilleures capacités à raisonner, à généraliser, à manier des concepts abstraits. Cela lui permettra d'entamer des apprentissages complexes comme la lecture ou le calcul.

Alors que l'enfant plus jeune est encore très centré sur son univers et ses besoins, l'enfant de 7 ans s'ouvre au monde. Il est bien plus capable de raisonner, de chercher des solutions, de réfléchir. Les apprentissages scolaires mobilisent une partie importante de ses ressources. Pour autant, il ne s'agit pas de le précipiter vers l'âge adulte !

En exigeant de lui qu'il soit « réaliste », en l'empêchant de « rêver », vous imposez un cadre de pensée trop normatif à votre enfant. Laissez-lui vivre sa vie d'enfant, ne projetez pas sur lui, de manière trop précoce, des comportements d'adulte. Si ses rêves sont démesurés, il apprendra à les moduler par lui-même en grandissant.

Comment faire ?

Il n'est pas nécessaire d'inscrire votre enfant dans des cours pour développer sa créativité. On y apprend souvent des techniques qui pourront s'avérer utiles, certes, mais qui ne le deviendront que si les bases pour encourager la créativité ont déjà été posées.

MON CONSEIL : encouragez le jeu, l'imagination, la créativité ! L'imagination et la créativité permettent de jeter un regard nouveau sur le monde, d'apprendre à voir les choses autrement : elles transforment le quotidien et sont un atout précieux pour l'avenir !

Dès son plus jeune âge, laissez votre enfant jouer avec des supports qui ne sont pas obligatoirement des jouets (boîtes en carton, morceaux de tissus, pots en plastique avec des objets à mettre dedans, etc.). Il aura ainsi recours à son imagination.

Quand l'enfant grandit, ne lui faites pas de remarques sur des jeux « qui ne sont plus de son âge », ne lui imposez pas de règles rigides ou de vision normée (« mais non, une pomme n'est pas bleue », etc.). Laissez libre cours à sa créativité.

Proposez des jeux et des activités qui favorisent l'inventivité (jeux de construction, travaux manuels simples, cuisine, jardinage). Laissez-lui du temps libre pour explorer, inventer et imaginer, sans supports électroniques ni télévision. Devenir créatif, c'est aussi avoir du temps, le temps de s'ennuyer un peu parfois et de créer pour combattre l'ennui... Fabriquer des objets, par exemple, est un acte de créativité qui améliore également les capacités motrices : c'est une activité bien plus bénéfique que de simplement consulter un écran !

Encouragez votre enfant à se projeter, à construire des projets, à persévérer. Ne brisez pas les rêves de son jeune âge en lui enjoignant un « réalisme » précoce. Racontez-lui souvent des histoires, lisez avec lui, faites-lui raconter ses lectures : la fiction est un merveilleux véhicule pour l'imagination.

20. C'est comme ça, point final !

Votre enfant pose des questions, s'interroge sur vos décisions, et le verdict tombe, sans aucune explication ! Attention, les règles qui paraissent arbitraires et injustes sont difficiles à accepter, même pour les adultes ! Pensez à des situations professionnelles que vous avez connues : vous comprendrez mieux la frustration d'un enfant !

S'il n'est pas bon de tout partager ou de donner trop de détails, **il faut toutefois savoir donner des explications simples, qui correspondent au niveau de développement de l'enfant.** Plutôt que de dire : « Tu dois te coucher à sept heures, c'est comme ça ! », il vaut mieux lui expliquer simplement les bénéfices du sommeil. Vous soutiendrez ainsi ses capacités naissantes à faire le lien entre une cause et son effet, processus qui constitue une base importante du raisonnement logique.

MON CONSEIL

Soyez dans le dialogue !

C'est vous, l'adulte, qui fixez des limites. Mais si l'enfant intériorise et comprend l'objectif de certains interdits, il y a plus de chances pour qu'il les respecte. En utilisant un langage clair, en donnant des explications simples, vous aidez votre enfant à développer ses capacités de raisonnement, à comprendre les liens entre causes et conséquences. Alors qu'en disant « c'est comme ça » (et pas autrement), vous ne lui permettez pas d'avancer ! Montrez-lui, au contraire, que les règles ne sont pas arbitraires et qu'il y a des raisons importantes pour lesquelles il est bon de les respecter.

Selon les situations, si votre enfant est fréquemment dans l'opposition, vous pouvez lui proposer des choix entre certaines possibilités, cela peut éviter les conflits. Récompensez sa bonne conduite.

ACTIVITÉ

Nous découvrons ensemble le « pourquoi » derrière les règles de vie

- De nombreux livres pour enfants permettent, avec des mots simples, de faire comprendre les raisons qui président à certaines règles de vie élémentaires : hygiène, sommeil, alimentation, etc. Cet apprentissage demande parfois une bonne dose de patience et de persévérance de la part des parents. Il y faut de la constance, et il est indispensable de mettre en place des routines, une fois que l'enfant a compris le « pourquoi » de certaines règles.

- Une approche ludique, accompagnée d'illustrations, permet de faire comprendre facilement ces questions. Il y a beaucoup d'ouvrages de ce type dans les bibliothèques municipales ; vous pouvez en choisir un ou deux avec votre enfant, à chaque visite, ce qui aura l'avantage de l'impliquer personnellement.

- Un peu de temps investi dans ce type de lecture entraînera de nombreux bénéfices à court et à long terme : votre enfant va intégrer des règles importantes, il sera moins susceptible de s'y opposer, vous l'aiderez à développer son langage grâce à la lecture et à la verbalisation, et vous passerez des moments de qualité avec lui et en famille.

21. Tu comprends rien, t'es bête ou quoi ?

C'est sorti malgré vous ! Vous ne le pensez pas, mais vous êtes excédé, fatigué, stressé par vos problèmes au bureau, vos préoccupations d'adulte. Si votre enfant comprenait ce que vous lui demandez et ce qu'il faut faire, ce serait tellement plus simple ! Mais attention ! Contrairement à certaines idées reçues, ces propos vexatoires ne vont pas inciter votre enfant à vous prouver le contraire. Ils risquent par contre de l'atteindre plus profondément que vous ne le pensez.

Vous allez bien vite oublier votre remarque, mais si l'enfant l'entend à diverses reprises, il va finir par l'intérioriser, ce qui pourrait avoir un effet destructeur à long terme. **En effet, suggérer à un enfant qu'il est bête,** c'est l'atteindre dans son estime de soi, c'est lui mettre une étiquette qui va lui coller à la peau. L'impact sur l'estime de soi peut être important et se manifester de manière insidieuse !

Qu'est-ce que l'estime de soi ? C'est le sentiment que l'on a de sa valeur personnelle, de façon globale, tout en ayant conscience de ses forces et de ses faiblesses. C'est un ensemble de croyances et d'attitudes qui permettent de faire face à la vie et aux défis qu'elle présente. L'estime de soi, c'est l'appréciation de soi, de ses différences, de ses atouts, de ses points faibles. Elle se construit dès l'enfance. En aidant votre enfant à développer son estime de soi, vous mettez en place des fondements essentiels pour l'entrée dans le système scolaire, mais aussi pour sa future vie d'adolescent et d'adulte. L'estime de soi est un peu différente de la « confiance en soi », parce que cette dernière désigne plutôt la croyance en ses capacités de réussir dans des situations différentes. Un enfant peut avoir une bonne estime de soi, mais ne pas avoir confiance en lui devant certaines difficultés. Avec une bonne estime de soi, il va cependant plus facilement surmonter les défis particuliers.

Comment faire pour favoriser le développement de l'estime de soi ?

Instaurez un cadre éducatif clair et réaliste avec des règles simples et compréhensibles, dans lequel l'enfant pourra évoluer dans un environnement sécurisant. Dans cet espace dont il respectera le cadre et les limites, l'enfant pourra poser des questions, tout en ayant la possibilité de comprendre quelles sont les conséquences du non-respect des règles, dans un esprit de dialogue. Il aura donc un espace pour exprimer ses émotions, ses ressentis et ses idées, pour apprendre à se connaître et pour se fixer des objectifs réalistes. Un enfant qui a une bonne estime de soi sera plus apte à faire face aux difficultés, à persévérer, à chercher des solutions ; il sera plus à même de développer ses talents.

ACTIVITÉ Je tiens compte du stade de développement de mon enfant

- Souvenez-vous que le cerveau de l'enfant, entre 2 et 7 ans, est en plein développement. Ses capacités à manipuler des notions abstraites ou un langage compliqué sont encore réduites. Faites preuve de pédagogie : utilisez un langage simple et concret quand vous donnez des consignes.

Faites-le par étapes, une consigne à la fois, de façon claire, en vérifiant que l'enfant a compris, en lui montrant si possible comment faire, pour qu'il puisse apprendre par imitation et acquérir progressivement des compétences. Au fur et à mesure de ses progrès, vous pourrez cesser peu à peu de lui apporter votre aide, pour qu'il devienne autonome. Ce soutien dans l'apprentissage lui donnera confiance en lui. Il sera plus à même d'essayer et de persévérer.

- Si votre enfant intériorise que ses capacités sont limitées, il finira par attribuer ses échecs à une cause interne et immuable, au lieu de chercher des solutions et des stratégies différentes lorsqu'il ne réussit pas. Ces mécanismes d'attribution, qui se mettent tôt en place dans la vie, sont bien connus des chercheurs. Ils ont un rôle important dans la motivation (scolaire, sportive, etc.). L'enfant qui attribue ses échecs à des causes internes, qu'il ne contrôle pas, ne va pas toujours comprendre l'importance de l'effort, de la persévérance ou de la diversité des stratégies face aux difficultés. Lui faire comprendre cela, progressivement, c'est l'armer pour nombre de batailles, quelles que soient ses capacités.

22. Avec tous les sacrifices que j'ai faits pour toi !

Votre enfant vous a poussé à bout et vous l'avez dit ! Cette phrase est symptomatique d'un ressentiment accumulé. Mais ce genre de propos est particulièrement déstabilisant pour votre enfant. Il va avoir l'impression qu'il est une charge et que cela remet en question la nature de votre relation.

Votre enfant n'est pas responsable de vos choix de vie, il ne doit surtout pas penser que sa présence dans le monde est la cause de vos problèmes et de vos souffrances. Sacrifier, c'est renoncer à quelque chose : au bonheur, aux projets de carrière, au temps libre, peut-être à une certaine aisance financière… Certes, être parent implique parfois des choix difficiles et la vie d'adulte n'est pas toujours simple. Mais il serait malsain que votre enfant commence à porter la responsabilité de tout cela. Même si son comportement est problématique, vous ne devez pas le culpabiliser d'être venu au monde !

Pourquoi ?

Faire ressentir à un enfant qu'il est un fardeau peut avoir des conséquences néfastes à long terme sur son développement et sur son bien-être. Il ne peut contrôler la situation et va intérioriser le message, ce qui minera son estime de soi. Votre enfant n'est pas responsable de sa naissance, ni de ce que vous décidez ou non de faire pour lui. Si vous avez le sentiment d'avoir trop « donné », c'est peut-être que vos stratégies parentales n'étaient pas les plus judicieuses.

En effet, il est fréquent que ce type de mécanisme se mette en place quand on ne s'octroie plus assez de temps pour soi. Il faut que votre enfant comprenne que sa qualité de vie dépend aussi de votre épanouissement personnel, que ses besoins ne sont pas toujours prioritaires et que des compromis sont nécessaires. Il ne faut pas culpabiliser votre enfant, ni opposer votre bien-être au sien. Ne soyez pas un parent « sacrificiel ». Trouvez un équilibre entre vos besoins et ceux de votre enfant.

Comment faire ?

Il est normal et sain d'habituer votre enfant à ce que vous, avec ou sans votre partenaire, preniez des moments pour faire des choses qui vous intéressent ou vous détendent, qui soient des moments pour vous ressourcer ; vous serez ensuite plus disponible ensuite pour partager des moments de qualité.

ACTIVITÉ

Mon calendrier de parent : mes moments pour moi

- Préparez un planning mensuel dans lequel vous intégrerez au moins une ou deux soirées avec votre partenaire ou avec vos amis, sans oublier un nombre minimum de moments pour vous, qui ne soient pas en lien avec votre enfant.

- Prévoyez les choses à l'avance ; organisez-vous avec une baby-sitter ou avec les grands-parents ou des amis pour la garde des enfants. De cette façon, vous aurez moins tendance à renoncer à ce qui vous fait plaisir et à accumuler fatigue et ressentiment.

- Choisissez des occupations diverses : une soirée au restaurant, des activités sportives, des sorties culturelles, des moments de cocooning, etc.

- En prenant du temps pour vous, vous serez plus apte à faire face aux moments difficiles et vous ne vous sentirez plus « victime » de vos choix. Votre enfant, de même que votre partenaire – tout le monde s'en portera mieux. Vos relations sociales et professionnelles seront aussi de meilleure qualité et vous aurez plus d'énergie et une meilleure qualité de vie.

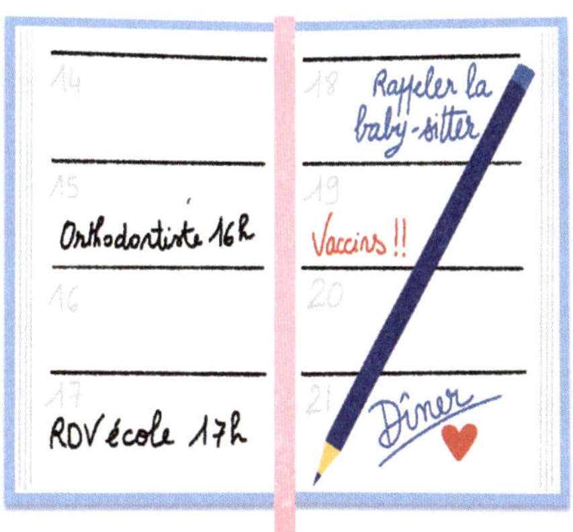

23. Tu ne peux pas être comme ton frère/ta sœur ?

Pourquoi faut-il que l'aîné ait si souvent un comportement exemplaire, alors que son cadet a une énergie débordante qui vous épuise ? Parce que chaque enfant est distinct et unique.

Ne comparez pas vos enfants ! Appréciez-les pour leurs personnalités différentes, pour leurs talents, leurs forces et leurs faiblesses respectives. Ne les mettez pas dans des cases : le sportif, l'intelligent, l'artiste, etc. En faisant cela, vous les enfermez dans une catégorie et vous limitez leur potentiel, car ils risquent de se conformer à l'image que vous leur imposez ! N'en soyez pas à l'origine, par des remarques qui semblent a priori innocentes ! Au contraire, encouragez vos enfants à être la meilleure version d'eux-mêmes – pas la simple copie de leur frère ou sœur. Leurs relations affectives seront plus fortes et ils deviendront des adultes plus épanouis si vous les respectez dans leurs différences.

Comparer ses enfants est quelque chose de particulièrement nuisible à l'équilibre de la fratrie, et qui aura des répercussions à long terme. Comparaison n'est pas raison, comme dit le proverbe. La fratrie est parfois une source de bonheur et de soutien, mais elle peut aussi devenir un enfer. Les comparaisons provoquent de la jalousie, des sentiments de rancœur, une mauvaise estime de soi, et les problèmes durent souvent toute la vie. Nombre d'adultes consultent un psychologue pour des raisons liées aux relations toxiques dans une fratrie.

MON CONSEIL : respectez vos enfants dans leurs différences et apprenez-leur à se respecter mutuellement. S'il y a des disputes, posez-vous en médiateur, écoutez les faits, puis aidez-les à trouver des solutions pour résoudre le conflit. Si une bagarre survient, séparez physiquement vos enfants, puis une fois qu'ils sont calmés, adoptez la même stratégie de résolution collective de problèmes.

Règle clé

Il faut absolument éviter les comparaisons dans une fratrie, car cela va fragiliser les relations entre les enfants et susciter jalousie et rancœur. Elles auront des effets néfastes non seulement pendant leur enfance mais aussi bien au-delà, dans leur vie d'adulte. Ne soyez pas à l'origine de rivalités entre vos enfants. Veillez à ne pas prendre parti, sous prétexte qu'un enfant serait plus « sage » qu'un autre...

ACTIVITÉ

Oui à la coopération, non à la compétition

Encouragez chacun de vos enfants à développer son propre potentiel : organisez des activités non compétitives de collaboration où des liens peuvent se créer (jardinage, cuisine, etc.), montrez aux aînés qu'il peut être gratifiant d'aider les plus petits, félicitez-les lorsqu'ils collaborent et s'entraident.

24. Toi, tu es le sportif de la famille !

Toi, tu es le sportif ; toi, tu es l'intellectuel ; toi, tu es comme maman ; toi, tu es maladroit, etc. La catégorisation est tout aussi néfaste que la comparaison. N'imposez pas à votre enfant un moule dans lequel il va devoir se couler.

Pourquoi ?

En faisant cela, vous étouffez le potentiel de votre enfant, vous mettez en place des mécanismes de représentation de soi et de ses capacités qui ne lui permettront pas de s'épanouir. Il aura tendance à attribuer ses échecs ou ses réussites uniquement à des limites ou des talents innés, au détriment de l'effort, de la persévérance ou de stratégies adéquates. Bien sûr, chacun a ses forces et ses faiblesses, mais il ne faut pas tomber dans le mythe du « don » et de ses qualités immuables. Chaque individu a des ressources uniques et peut s'épanouir dans un domaine si on lui laisse la possibilité d'explorer et de comprendre l'importance de la discipline et de l'effort pour arriver à un objectif.

De plus, dans une fratrie, ces représentations figées de chaque enfant vont nuire à leurs relations. Elles pourront susciter des jalousies durables qui mineront les liens entre vos enfants. Il n'est d'ailleurs pas rare que des adultes, lors de crises familiales, se jettent à la tête des reproches basés sur des expériences bien lointaines, mais encore douloureuses, causées par les comparaisons et autres catégorisations dont ils furent l'objet lorsqu'ils étaient enfants… Pensez-y attentivement afin de réfréner toute envie de faire des commentaires de ce type. Si vous y parvenez, vos enfants seront des adultes plus solides et plus équilibrés.

MON CONSEIL

Mettez en avant les forces de chacun de vos enfants. Ne les catégorisez pas et n'imposez pas de hiérarchie (« D'accord, toi tu aimes le sport mais ce serait mieux si tu aimais la lecture », etc.). Apportez le même intérêt aux activités et aux passions de chacun. Essayez de créer du lien au travers d'activités pouvant plaire à toute la fratrie ; faites-leur partager des moments de qualité. Accordez de l'importance aux moments de la vie quotidienne qui relèvent du partage et de la convivialité, comme les repas, les tâches communes, certaines sorties… Ils renforcent le sentiment d'appartenance à l'entité familiale.

25. C'est pas mal, mais tu aurais pu faire mieux !

Si le compliment que vous faites à votre enfant est immédiatement suivi d'un « mais », son attention se focalisera uniquement sur son aspect négatif, au détriment du positif.

Le renforcement positif est aussitôt perdu. **Il est important de mettre en avant les réussites de vos enfants afin qu'ils prennent confiance en eux et en leurs capacités.** Avoir des exigences peut être positif, mais seulement jusqu'à un certain point. Si tout est focalisé sur la réussite académique, il peut y avoir un effet dilatoire qui amène l'enfant à développer une « anxiété de performance » et à moins bien réussir par la suite. Encouragez le succès, mais ne le minimisez pas. N'attendez pas toujours plus de votre enfant !

Motivez votre enfant

Votre enfant doit apprendre l'importance de l'effort et de la persévérance, ce sont des composants essentiels de la motivation. Mais en plaçant la barre trop haut, trop vite, vous allez le décourager, il aura l'impression de ne jamais pouvoir réussir vraiment, ni de pouvoir répondre à vos attentes. Il pensera que ses efforts sont inutiles, puisque, de toute façon, il ne pourra jamais vous satisfaire. Il doit aussi apprendre qu'il ne peut pas toujours être le meilleur tout le temps, mais que le travail, la discipline et l'effort peuvent lui permettre d'accomplir – et même parfois de dépasser – des objectifs qui sont à sa portée.

Encouragez votre enfant pour ses réussites, mais évaluez régulièrement vos propres exigences ! Si vos attentes sont irréalistes vis-à-vis de votre enfant, si vous ne vous montrez jamais satisfait, cela va lui porter tort, atteindre son estime de soi et sa motivation.

Respectez votre enfant pour ce qu'il est. Il est bon d'avoir des objectifs et de l'ambition, sous réserve qu'ils soient réalistes. Chaque effort, chaque progrès doit être soutenu et encouragé.

Ne soyez pas tyrannique et, surtout, ne comparez pas les résultats scolaires au sein de la fratrie. Vous susciteriez jalousie et ressentiment, véritables poisons des relations familiales.

26. Tu ne peux pas faire ça correctement, non ?

C'était pourtant simple ! Ranger des serviettes dans un tiroir, donner à manger au chat, etc. Mais non, impossible d'avoir de l'aide, même pour des choses élémentaires ! Il vaut mieux tout faire soi-même, puisque sinon, c'est fait n'importe comment ! Mais ce n'est pas possible d'être empoté à ce point !

Vous êtes sur une pente glissante. Vous vous énervez parce que votre enfant ne sait pas ou ne veut pas participer. Vous avez l'impression que, pour que les choses se fassent, il faut que ce soit vous qui les preniez en charge. Cela vous stresse encore davantage, vous êtes irritable et frustré(e) par ce manque de considération. Mais en réalité, c'est la stratégie qui n'est pas adaptée. Pourtant, avec une autre approche, vous obtiendriez de bien meilleurs résultats.

Comment procéder ?

Si vous avez simplement besoin que votre enfant sache réaliser certaines tâches, vous devez y aller progressivement. Montrez-lui d'abord comment on effectue la tâche, puis demandez-lui de s'y engager en l'assurant de votre soutien actif – que vous retirerez peu à peu au fur et à mesure de son accomplissement. Vous ne manquerez pas de l'encourager et de le récompenser lors de l'exécution de cette tâche.

Cette technique pédagogique, qui s'appelle l'étayage, est très efficace pour les apprentissages divers.

L'enfant bénéficie ainsi du soutien et du guidage d'un adulte expérimenté ; il apprend par imitation, au fil des interactions. Il peut ainsi développer des compétences, évaluer progressivement sa performance et devenir rapidement autonome. Cet investissement minimal, qui vous prendra peu de temps, sera très bénéfique à long terme, car votre enfant prendra des responsabilités en fonction de son âge. Il sera plus sûr de lui, plus indépendant, car il sera content de contribuer à la vie de la maison. Cela renforcera par ailleurs son estime de soi et son sentiment d'appartenance. En le responsabilisant, vous vous allégerez de tâches simples, ce qui vous permettra du même coup d'avoir plus de moments de qualité en famille.

À RETENIR

Soyez pédagogue : lorsque vous montrez à votre enfant comment faire une chose, faites-le lentement, en donnant des consignes claires. Laissez ensuite l'enfant se lancer dans une exécution supervisée, en interagissant avec lui, puis diminuez votre « guidage » afin qu'il puisse accomplir sa tâche de façon de plus en plus autonome. Cela lui permettra de développer le sentiment de sa propre efficacité.

Il faut bien sûr tenir compte du niveau de développement de l'enfant. Entre 3 et 5 ans, responsabilisez votre enfant en lui faisant faire des tâches simples. Au-delà de cet âge, sous votre supervision, l'enfant pourra vous aider dans des tâches plus complexes.

Tout se passera bien si vous avez recours à ces techniques qui permettent à l'enfant de bien se développer, parce qu'il prend conscience qu'il participe à la vie de famille – et non qu'il effectue, à contrecœur, des corvées qui devraient être les vôtres !

ACTIVITÉS

Activités de responsabilisation

ENTRE 3 ET 5 ANS :

- Disposez de grandes corbeilles dans lesquelles l'enfant doit apprendre à ranger ses jouets à certains moments (avant le coucher, par exemple).
- Apprenez-lui à mettre ses vêtements sales dans un panier.
- Montrez-lui comment aider à mettre la table (les serviettes, les sets de table). Montrez-lui comment arroser les plantes (sous votre surveillance).

ENTRE 5 ET 8 ANS :

- Montrez à votre enfant comment nourrir les animaux.
- Montrez-lui comment faire son lit.
- Faites-le participer à la préparation d'un plat simple qui ne nécessite pas de cuisson, etc.

27. Moi, à ton âge, j'étais capable de faire ce genre de chose !

Se comparer à son enfant n'est pas une bonne idée. C'est un réflexe qui nous paraît naturel, mais chaque individu est unique. Ce type de remarque dépréciative n'apporte rien de constructif et peut porter atteinte à l'estime de soi de votre enfant. Ne vous présentez pas comme un modèle de perfection, mais enseignez plutôt à vos enfants que rencontrer des difficultés est chose commune et qu'il faut apprendre différentes techniques pour les surmonter. Montrez-leur que vous avez confiance en leurs capacités.

Si votre enfant a des problèmes dans sa scolarité ou dans ses compétences sociales, s'il manque d'autonomie, etc., soyez tout d'abord à l'écoute. Essayez de comprendre la situation, ne portez pas de jugement. N'adhérez pas au mythe du seul « talent ». Bien des personnes qui ont réussi ont fourni des efforts soutenus et rencontré de nombreux obstacles qu'elles ont appris à dépasser.

Il ne faut pas minimiser l'importance des apprentissages, de l'effort, de la persévérance, de la recherche de stratégies pour surmonter les difficultés. Il faut savoir procéder par étapes, adopter à la fois des techniques simples de résolution de problèmes et garantir le soutien émotionnel nécessaire, indispensable à la motivation.

Apprenez à votre enfant à avoir confiance en lui

TROIS PETITS MOMENTS POSITIFS...

Si votre enfant manque de confiance en lui, aidez-le en l'entraînant à retenir les aspects positifs de sa journée. Par exemple, lorsqu'il rentre le soir, demandez-lui de d'évoquer trois choses qu'il a réussies, ou trois choses agréables qui se sont passé pendant sa journée. Cette technique développe des réflexes positifs de pensée. Pour l'aider encore plus, vous pouvez lui faire dessiner (ou représenter sur un tableau, avec des gommettes de couleur) ses petits instants agréables, ses petites réussites. L'activité créative liée à la mise en forme et en mots de ces petits moments va renforcer ses pensées positives.

S'ENTRAÎNER EN S'AMUSANT

- Si votre enfant manque d'autonomie dans les interactions sociales, vous pouvez l'aider en organisant de petits jeux de rôles. Par exemple, s'il n'ose pas demander de l'aide à son enseignant(e) à l'école, imaginez avec lui quel pourrait être ce dialogue, de façon détendue et ludique, puis répétez avec lui. En faisant cela, vous lui fournissez des canevas sur lesquels il pourra s'appuyer quand il se trouvera dans une situation réelle. Cela le rassurera et l'incitera à franchir le pas.
- En étant à l'écoute de votre enfant et en l'observant avec bienveillance, vous découvrirez peut-être d'autres situations sociales problématiques sur lesquelles vous pourrez travailler grâce à de simples jeux de rôles. Par exemple, inviter un camarade de classe, faire une demande à l'école, etc.

28. Les études, ce n'est pas pour toi !

Par ces mots, vous enfermez votre enfant dans une catégorie immuable, vous lui enseignez que l'échec scolaire est inéluctable. Or les performances, les trajectoires scolaires, les rythmes d'apprentissage dépendent d'un grand nombre de facteurs.

Cherchez avant tout à comprendre la nature des difficultés scolaires de votre enfant en échangeant avec les enseignants, en consultant des spécialistes. Faites le point de manière constructive. **Ne minez pas la confiance de votre enfant,** elle est sans doute déjà éprouvée par ses mauvais résultats. Apprenez à être pédagogue quand vous supervisez ses devoirs.

En affirmant à votre enfant qu'il n'est pas « doué pour les études », vous renforcez son sentiment d'impuissance face aux difficultés et il y a de fortes chances pour qu'il abandonne tout effort. Il n'apprendra ni à persévérer, ni à améliorer ses stratégies, ni à surmonter les épreuves. Il faut au contraire l'encourager.

En outre, il n'est pas impossible que votre enfant ait des capacités qui ne sont pas valorisées par l'école, mais qui lui permettront de s'épanouir et de trouver éventuellement sa voie. Aidez-le à diversifier ses centres d'intérêt et à cultiver ses passions, ils peuvent être de puissants moteurs de progrès et même catalyser les apprentissages scolaires.

MON CONSEIL : les difficultés scolaires proviennent d'un grand nombre de facteurs complexes.

- Ne jugez pas, cherchez avant tout à comprendre et à trouver des solutions.
- Aidez votre enfant à développer ses passions, à cultiver ses talents.
- Développez son sens de l'effort, encouragez-le à persévérer.

ACTIVITÉ Soyez pédagogue : ambiance, langage, et stratégies diversifiées !

- **1. Créez une ambiance propice aux apprentissages.** S'il s'agit de tâches scolaires, assurez-vous qu'il n'y ait pas de sources de distractions, afin que l'enfant puisse être le plus attentif possible. Faites en sorte que cela ne crée pas de tensions. Respectez son rythme d'apprentissage, valorisez les petites réussites : votre enfant trouvera alors des sources de motivation et sera plus à même de persévérer.

- **2. Utilisez un langage adapté au niveau de développement de l'enfant.** Reprenez les consignes une par une, en les reformulant si nécessaire. Donnez-les de façon simple et claire, une consigne à la fois. Au terme de chaque étape, posez-lui des questions afin de vérifier qu'il a bien compris.

- **3. Si possible, ayez recours à un support visuel ou tactile.** Ceux-ci facilitent souvent l'apprentissage et la mémorisation (dessins, schémas, mise en relation d'objets semblables, additions ou soustractions par manipulation d'objets, apprentissage des lettres de l'alphabet par la création en pâte à modeler, etc.). En procédant ainsi, vous montrez à l'enfant qu'il y a des alternatives, des stratégies qui peuvent l'aider à réussir. Pour varier les supports, achetez-lui de bons cahiers pédagogiques, faites-lui apprendre ses leçons sous forme de chansons, de dessins, etc. Partez toujours d'un point que l'enfant connaît et comprend déjà pour construire de nouvelles connaissances.

29. Tu deviens un élève médiocre !

Il se débrouillait bien à l'école et vous rapportait de bonnes notes, mais voilà que votre enfant semble avoir soudain perdu sa motivation ! Vous êtes déçu(e) et vous pensez qu'en le sermonnant, il va revenir dans le droit chemin. Mais votre remarque, même si elle n'est pas mal intentionnée, n'est pas seulement blessante : elle est inefficace.

Comment faire ?

Essayez de comprendre avant tout. Est-ce que tout va bien à l'école, dans la famille ? Comment votre enfant se sent-il socialement ? Est-ce qu'il se sent exclu, marginalisé ? Est-ce qu'il subit des moqueries, voire du harcèlement ? Il est important d'analyser la situation sous tous ses angles.

Aidez votre enfant à verbaliser, à expliquer comment il se sent, ce qui va bien comme ce qui va moins bien. **Essayez de voir avec votre enfant comment vous pouvez l'aider.** Les problèmes scolaires ne sont pas le simple reflet d'un manque de capacités, les trajectoires ne sont pas linéaires. Votre enfant ne « devient » pas un élève médiocre, mais il rencontre des difficultés qu'il faut essayer d'identifier.

Veillez à ne pas accabler votre enfant lorsque ses notes baissent. Votre sanction ne ferait qu'aggraver la situation, il risquerait de culpabiliser, de ne plus faire d'efforts, de s'enfermer dans le silence. Bien des raisons annexes sont susceptibles d'affecter ses résultats scolaires.

Écoutez-le avant de juger, contactez les enseignants pour en savoir plus ; si vous n'obtenez pas de réponses satisfaisantes, consultez un psychologue spécialisé.

30. Et les autres, ils ont eu combien ?

En disant cela, votre intention n'était pas mauvaise. Vous pensiez juste stimuler votre enfant, l'engager à faire des efforts supplémentaires, parce que l'on peut toujours faire mieux.

Si vous êtes constamment dans la comparaison, votre enfant aura l'impression de ne jamais pouvoir vous satisfaire. Cela ne va pas le motiver davantage, mais au contraire le décourager et générer une anxiété potentiellement destructrice. Fixer des objectifs que votre enfant n'est pas en mesure d'atteindre à un moment de sa trajectoire ne l'aidera pas.

Les facteurs affectifs jouent un grand rôle dans la motivation scolaire et votre enfant, pour soutenir ses efforts, a besoin de croire en sa capacité de réussir. Il doit apprendre à améliorer ses stratégies pour y arriver, comprendre la valeur de l'effort et de la persévérance, sans pour autant se mesurer aux autres.

Si les résultats de votre enfant sont satisfaisants, pourquoi vouloir comparer ? Chaque enfant a un rythme différent. Ce qui est important, c'est de lui donner le goût d'apprendre et de découvrir. Faites des activités ludiques qui stimuleront sa curiosité, faites-le participer à des activités « découvertes », cultivez ses propres centres d'intérêt et valorisez ses efforts.

Un enfant qui prend conscience peu à peu de ses limites et de ses capacités sans se comparer aux autres est plus équilibré affectivement et peut trouver des voies de réussite. Dites-vous bien que les capacités des enfants ne sont pas statiques, elles sont au contraire dynamiques et modifiables.

À RETENIR

Ne comparez pas votre enfant aux autres, cela ne l'aidera pas à réussir ! Valorisez ses efforts et encouragez-le à trouver sa propre voie !

31. Fais attention, tu vas grossir !

Vous n'avez sans doute pas d'autres intentions que de veiller à maintenir votre enfant en bonne santé. Prenez garde, cependant, à ne pas projeter sur lui vos propres inquiétudes corporelles.

Si vous n'avez pas réglé vos problèmes avec votre propre corps, si vous faites une fixation sur les régimes plutôt que de vous préoccuper d'avoir une hygiène de vie saine, une alimentation équilibrée et des activités sportives, votre enfant risque aussi de développer une attitude ambivalente par rapport à la nourriture. Il se sentira coupable, peut-être même honteux lorsqu'il aura faim.

Comment faire ?

Il vaut mieux laisser de côté tout discours négatif. Aidez votre enfant à être à l'écoute de ses propres signaux de faim et de satiété ; aidez-le à réguler ses envies. S'il a un gros appétit et que cela vous inquiète, donnez-lui par exemple, en début de repas, des aliments qui doivent être mastiqués (crudités, carottes râpées, salade, etc.), pour ralentir son rythme et pour que les signaux de satiété fonctionnent. Apprenez-lui à distinguer la faim de l'envie de manger.

ASTUCES

Attention aux angoisses alimentaires

- N'imposez pas de restrictions ou de régime à votre enfant s'il est un peu rond. Proposez-lui des aliments peu caloriques en entrée, trouvez des recettes saines et ludiques pour lui faire manger plus de légumes, par exemple, et surveillez son indice de masse corporelle avec son médecin traitant.
- Il est important de ne pas projeter ses angoisses alimentaires sur les enfants. L'enfant ressent les tensions et les absorbe, y compris celles qui régissent le rapport de ses parents à la nourriture. Si vous faites un régime, gardez-le pour vous. Si votre enfant vous voit monter sur la balance en permanence, il pourrait développer une image corporelle négative.
- Faire des commentaires sur le poids de votre enfant ne pourra qu'amplifier son inquiétude et atteindre son estime de soi. Votre rôle est de guider ses choix alimentaires. Ne parlez pas de régime. Mettez en place un soutien actif : ayez toujours de la nourriture saine à disposition et valorisez l'activité physique.

32. Tu manges, t'as pas le choix !

Forcer un enfant à manger un aliment peut créer un climat tendu lors du repas et susciter nombre de blocages. L'enfant doit apprendre à goûter tous les aliments. Demandez-lui d'essayer d'abord, puis dites-lui qu'on verra après. Apprenez-lui à découvrir un large éventail de produits afin de l'habituer à de nouveaux goûts. Mangez de tout : il y aura plus de chances pour qu'il en fasse de même.

Si vous forcez votre enfant à absorber quelque chose qu'il déteste absolument, cette contrainte risque de créer un rejet durable. Comme tous les enfants, le vôtre a bien le droit de ne pas aimer certains aliments (les choux de Bruxelles, les endives, par exemple), mais si le reste de son alimentation est varié, il n'y a pas d'inquiétude à avoir. Simple question d'équilibre ! En revanche, s'il refuse systématiquement un type d'aliment (les légumes, la viande), il faudra vous montrer créatif !

Comment faire ?

Éveillez les sens de votre enfant en le faisant participer à la cuisine et en lui demandant de parler de ses sensations au fur et à mesure. Impliquez votre enfant dans certaines préparations culinaires assez simples ; faites-lui aussi décrire les couleurs, les odeurs, les textures, choisir la présentation. Cet éveil sensoriel lui permettra de développer une meilleure appréciation de la nourriture.

ACTIVITÉ

Alimentation colorée

Apprenez-lui à goûter à tout, rendez les repas ludiques ! Pour faire aimer les légumes à votre enfant, usez de votre imagination, soyez créatif. Une présentation amusante, des mélanges de légumes de différentes couleurs avec des pâtes ou du riz, des purées multicolores ont plus de chances d'être appréciés !

33. Ne te touche pas, c'est sale !

Il est important que votre enfant développe une relation saine avec son propre corps. Le jeune enfant va commencer à explorer son corps, ses sensations et son propre sexe dès l'âge de 3 ans environ, parfois même avant, sans avoir une idée de ce qu'est la sexualité, ni comprendre ce qu'elle signifie, bien entendu.

L'enfant remarquera simplement, lorsqu'il touche certaines parties de son corps, que les sensations sont amusantes ou agréables. C'est un comportement naturel qui ne doit pas être diabolisé. Ne lui mettez pas dans la tête que ce qui est lié à son sexe est « sale » : vous risqueriez de compromettre son épanouissement ultérieur s'il associe la sexualité, dès son plus jeune âge, à un sentiment de culpabilité.

Comment faire ?

Il faut lui apprendre la notion d'intimité : il a le droit de se toucher, ce n'est pas sale, mais c'est sa partie privée, il peut donc le faire dans l'intimité de sa chambre, quand il est seul. **Ne portez pas de jugement de valeur.** Profitez-en cependant, en utilisant des mots simples, pour lui faire comprendre que personne ne peut justement toucher son corps sans son accord.

MON CONSEIL : s'il est délicat pour vous d'aborder le sujet, demandez à votre conjoint(e) de vous aider, ou consultez un spécialiste qui pourra vous aider à examiner vos propres croyances en la matière, pour mieux guider votre enfant.

34. Ne fais jamais confiance aux autres !

Votre enfant doit effectivement apprendre à mettre en place des barrières sociales avec les inconnus. Cependant, il ne faut pas lui laisser penser que chaque personne est mal intentionnée. Si vous exprimez sans cesse votre méfiance, votre enfant deviendra suspicieux envers les autres et il aura des difficultés à établir des relations saines.

La confiance s'accorde en fonction de situations que l'on doit apprendre à évaluer tout au long de la vie. Il ne s'agit pas de la donner aveuglément, ni de la refuser systématiquement, mais plutôt d'apprendre à analyser des situations différentes, à exercer son jugement.

Il faut trouver un bon équilibre et savoir quand et comment faire confiance ou rester sur ses gardes. Pour aider votre enfant, vous pouvez jouer avec lui des scénarios sociaux, afin qu'il puisse mieux distinguer les contextes et les circonstances.

ACTIVITÉ Les hypothèses

Exemples :

- « Qu'est-ce que tu fais si une personne inconnue vient vers toi avec des bonbons et t'en propose ? »
- « Qu'est-ce que tu fais si une personne inconnue te propose de t'emmener dans sa voiture ? »
- « Qu'est-ce que tu fais si un copain de classe te ment tout le temps ou ne te rend jamais les affaires que tu lui prêtes ? »

En variant les questions et les situations, aidez votre enfant à verbaliser, à expliquer pourquoi il réagirait différemment selon les circonstances et les personnes. Vous lui apprendrez à développer progressivement ses capacités à juger par lui-même – une clé pour son équilibre actuel et à venir.

35. Fais des efforts, parle aux autres !

Introversion, timidité, ou anxiété sociale ? Il est important de distinguer ces trois aspects. Les comportements et les préférences de vos enfants en matière de sociabilité varient. Tous ne sont pas nécessairement problématiques.

L'introversion n'est pas toujours le signe d'une incapacité à engager des relations sociales. Un introverti est un enfant qui a un monde intérieur riche, qui se retire pour se recharger et prend plaisir à des activités solitaires : dessin, musique, lecture, tout en ayant la capacité d'échanger avec d'autres dans les moments voulus. L'introverti analyse et observe avant de participer. Le forcer à interagir et l'empêcher d'avoir des moments à lui est une mauvaise idée : il deviendra irritable. Après une rencontre avec d'autres, il a besoin de moments pour lui ; il est important de respecter sa sensibilité.

MON CONSEIL : facilitez les interactions dans des situations **non compétitives**, hors de l'école, où les processus de catégorisations et de stéréotypages sont intenses et souvent difficiles à vivre, particulièrement pour les enfants anxieux et timides.

Si votre enfant veut jouer seul, cela résulte d'un choix et ce n'est pas forcément inquiétant. C'est son droit, il suffit de veiller à un bon équilibre et à ce que ses activités permettent réellement l'enrichissement personnel et l'introspection (consulter Internet, jouer avec une tablette ou regarder la télévision peut en effet relever de stratégies d'évitement plutôt que de recherche de moments pour soi).

Les enfants timides et anxieux, quant à eux, ont tendance à éviter ou à refuser les interactions. Ils ont peur de s'y engager et redoutent le jugement des autres. Avec le temps, ces comportements peuvent freiner le développement de leurs habiletés sociales et même se transformer en phobies. Pour l'éviter, il ne faut surtout pas forcer l'enfant, mais faciliter son insertion sociale et l'aider à prendre confiance en lui.

Comment faire ?

Pensez d'abord à des choses simples, comme des visites au jardin public, où il est fréquent que des enfants qui ne se connaissent pas collaborent et jouent ensemble.

Travaillez ensuite progressivement avec votre enfant pour qu'il puisse s'adapter et apprendre à mieux gérer ses interactions avec les autres. Privilégiez des activités non compétitives, conduites en petits groupes, et qui donnent confiance, comme le théâtre, l'expression corporelle, ou les ateliers d'art plastique. Ce qui est important, c'est que votre enfant apprenne progressivement à sortir de sa coquille et de sa zone de confort, qu'il améliore ses capacités d'adaptation.

ACTIVITÉ

Jeu de rôle : j'invite un copain/une copine de classe

- Si votre enfant est timide, encouragez-le avec bienveillance à développer son réseau d'amis. S'il n'ose pas entrer en contact avec un autre enfant, pratiquez le jeu de rôle de l'invitation à jouer, mettez-le en situation, montrez-lui comment formuler sa demande. Cela lui fournira un scénario pour diminuer son anxiété et ses inhibitions. Ne précipitez pas les choses, tenez compte de ses progrès, même minimes.

- À la sortie de l'école, ou pendant des sorties de classe, n'hésitez pas à prendre les devants et à engager la conversation avec d'autres parents d'élèves ; proposez éventuellement des invitations, des activités à l'extérieur en commun. Votre enfant apprendra à améliorer ses habiletés sociales et prendra confiance en lui. Si malgré tous ces efforts la situation ne s'améliore pas, consultez un spécialiste qui pourra aider votre enfant de manière plus soutenue.

36. Arrête de pleurer, joue plutôt avec mon téléphone !

Les spécialistes de l'enfance et du développement sont d'accord : attention aux écrans et aux nouvelles technologies. Si elles ont profondément modifié nos comportements d'adultes, nos relations professionnelles et amicales, si nous luttons parfois contre le stress qu'elles induisent et constatons nos « addictions » et dépendances, les nouvelles technologies n'ont pas eu d'influence majeure sur notre développement. Il n'en est pas de même pour nos enfants !

Les générations précédentes avaient été mises en garde contre la télévision, dont il fallait limiter le visionnement, pour toutes sortes de raisons : manque d'activité physique, passivité, risque de dépendance excessive, évitement social, etc. **Avec les écrans mobiles, les mécanismes sont bien plus insidieux.**

Face au déferlement d'innovations technologiques de ces dernières années, qui vont bien plus vite que nos capacités d'adaptation, nous sommes encore en train d'ajuster nos comportements. Mais nous ne devons être ni alarmistes ni passéistes. Les nouvelles technologies de l'information et de la communication sont bien là et on ne peut pas revenir en arrière. Par contre, il est essentiel de savoir les utiliser à bon escient et de comprendre quel est l'impact potentiel de leur usage immodéré sur le développement de l'enfant.

Pourquoi ?

Un jeune enfant doit se développer au niveau moteur, sensoriel, émotionnel, intellectuel. Il doit découvrir le monde, sentir, voir, entendre, toucher, goûter, manipuler, bouger, interagir avec les autres, tisser des liens sociaux, jouer, imaginer…

MON CONSEIL

Travaillez sur votre propre addiction au téléphone. Sachez poser votre portable et échanger avec votre enfant. Ces interactions sont fondamentales pour le lien social, le développement émotionnel, langagier, intellectuel. Votre téléphone n'est pas un parent de substitution ! De plus, si votre enfant voit que vous avez les yeux constamment rivés sur votre portable, il pourrait bien s'imaginer qu'il n'est pas aussi important que cet objet central qui mobilise toute votre attention. En outre, lui aussi pourrait développer à l'égard de cet objet une forme de dépendance excessive.

RÈGLES CLÉS

- Ayez des périodes de la journée sans téléphone.
- Ne les autorisez pas à table, ni pour les adultes, ni pour les enfants.
- Favorisez les activités de découverte, d'exploration, de « mise en mots » du monde.
- En voyage ou en déplacement, emportez des coloriages, des petits livres, des petits jeux de société.
- Vous pouvez laisser votre enfant prendre une boîte avec de petits personnages, pour qu'il invente des histoires et des interactions entre ces personnages.
- Toutes ces activités stimulent son développement. Un enfant que vous habituez à s'occuper de la sorte aura un monde intérieur plus riche et un développement plus équilibré qu'un enfant qui n'interagit pas avec le monde et se contente de regarder un écran de téléphone.

Toutes ces activités sont indispensables pour assurer un développement global équilibré.

Quand votre jeune enfant regarde un écran de téléphone, il ne fait rien de tout cela. Au Canada et aux États-Unis, de nombreux experts recommandent de ne pas exposer les enfants aux écrans avant l'âge de deux ans. Ensuite, toute utilisation doit être rigoureusement contrôlée et limitée dans le temps. Alors, plutôt que de choisir cette solution de facilité, optez pour d'autres stratégies. Calmez d'abord votre enfant (voir les techniques de reconnaissance et de gestion des émotions), puis faites-lui observer le monde autour de lui. Faites-lui décrire ce qu'il voit, ce qu'il sent, ce qu'il touche, etc. Vous devez faciliter son éveil sensoriel.

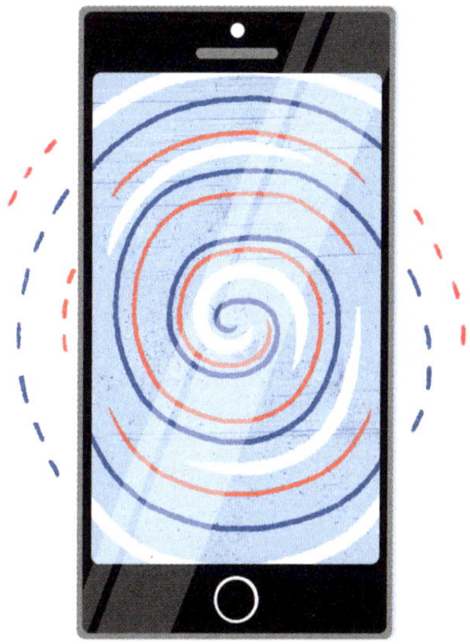

37. T'es addict, ça suffit !

Si votre enfant use et abuse des nouvelles technologies, ce n'est pas cette remontrance qui va changer la situation. Pour garantir un équilibre de vie, il faut mettre en place des règles claires et simples qui permettront de ne pas se laisser envahir.

Le temps excessif que passent les enfants sur les nouvelles technologies (ordinateur, tablette, smartphone, etc.) est un motif de consultation de plus en plus fréquent. Un véritable processus neurobiologique se met en place, lors de l'utilisation excessive des écrans, et qui est similaire à l'addiction. **Avant l'âge de 6 ans, il ne faut pas confier de tablette à un enfant.** On a pu croire un temps qu'elle avait un potentiel éducatif en raison de son interactivité, mais en réalité, elle augmente les troubles de l'attention, retarde l'émergence du langage et nuit à une socialisation adaptée.

Il faut absolument que l'enfant jeune apprenne à découvrir le monde par son corps et par l'intermédiaire de ses sens afin d'acquérir et de développer des capacités psychomotrices (maniement et manipulation d'objets, équilibre, coordination, etc.).

Tout d'abord, mettez en place des règles clés dans votre foyer. Puis proposez à vos enfants, dès leur plus jeune âge, des activités qui les encourageront à interagir avec le monde. Un enfant qui développe tout un éventail d'activités et d'habiletés sera moins susceptible de devenir « addict » aux nouvelles technologies. Il ne faut pas diaboliser les écrans, mais en proposer un usage limité et trouver un équilibre entre activités physiques, activités de jeux et activités de socialisation : manipulations, constructions d'objets, « mises en mots du monde », etc.

ACTIVITÉ

Sortir du tout écran

Pour encourager le développement de la créativité et faciliter l'amélioration des capacités sensori-motrices, pensez à proposer à la maison des activités simples et bon marché, où vos enfants vont apprendre à saisir des objets, à manipuler, à construire, à jouer avec des formes, des couleurs, à écouter des rythmes, à bouger, à découvrir des possibilités sensorielles d'explorer le monde. Ces conseils ne sont pas censés diminuer l'importance des activités hors de la maison (sport, ateliers, etc., selon les goûts et intérêts des enfants), ils proposent simplement des alternatives plus saines et plus riches en potentiel développemental et éducatif que les simples écrans. Exemples :

- Activités manuelles : fabrication d'objets avec des boîtes en carton, papiers de couleur, vignettes, crayons de couleur, dessin, peinture, pâte à modeler, pâte à sel (encore plus économique, c'est de la farine, de l'eau et du sel), jardinage, cuisine.
- Activités de découverte, de mémorisation : lettres magnétiques pour la découverte de l'alphabet et des sons, modelage de lettres avec de la pâte (aide à la mémorisation), jeux éducatifs d'appariement (mettre ensemble des objets qui se ressemblent), jeux de calcul et de mémorisation.
- Activités de développement des habiletés spatiales : jeux de construction, puzzles, cubes et formes, voitures, etc.
- Activités de développement verbal : livres à lire collectivement, cahiers pédagogiques, personnages (poupées, petits personnages pour lesquels l'enfant peut créer un univers fictif).
- Activités de résolution de problèmes : puzzles, casse-tête, jeux de société.
- Activités de développement des interactions sociales : jeux de société, visionnement actif et collectif de certaines émissions éducatives, etc.
- Activités motrices : musique et rythmes, danse, jeux de coordination et d'équilibre.

RÈGLES CLÉS

- À partir de 2 ans, si vous laissez un enfant regarder la télévision (pour une émission éducative, par exemple), restez avec lui pour lui faire dire ce qu'il voit et l'aider ainsi à développer son langage.
- Entre 2 et 5 ans, le temps maximum passé devant les écrans ne devrait pas dépasser une heure par jour.
- N'autorisez pas d'écrans pendant les repas (adultes compris).
- Ménagez des espaces dédiés aux nouvelles technologies, et d'autres « sans écrans » : cuisine, salon, lieux de socialisation et d'échanges, chambres.
- Ne donnez pas de console personnelle de jeu vidéo à votre enfant ; si vous autorisez les jeux, choisissez ceux qui se déroulent en groupes et permettent des interactions sociales.
- Tous les écrans doivent être fermés au moins une heure avant le coucher, car ils provoquent des troubles du sommeil en stimulant le cerveau de façon excessive.
- Si votre enfant a moins de 9 ans, ne le laissez pas naviguer seul sur Internet ; au-delà de cet âge, utilisez un logiciel de contrôle parental.
- Ne laissez pas votre enfant aller sur les réseaux sociaux avant l'âge de 12 ans.

38. On ne va pas s'en sortir !

Vous avez des difficultés financières qui vous causent beaucoup d'anxiété, voire de l'angoisse. Mais attention, vos enfants n'ont aucun pouvoir pour redresser la situation. Il ne faut donc pas leur donner trop de détails sur l'état de vos finances, cela peut signifier que vous ne contrôlez pas la situation et peut même leur faire peur. Cependant, il ne s'agit pas non plus de les surprotéger en faisant comme si rien n'avait changé : le stress que cela vous causerait gagnerait bientôt vos enfants.

Règles d'or

- Ne tenez pas de propos anxiogènes.
- Présentez les choses de façon positive. Impliquez et responsabilisez vos enfants, sans les inquiéter.
- Apprenez à moins consommer sans réfléchir. Évitez les achats compulsifs en essayant de contrôler vos émotions.
- Soyez créatifs, apprenez à vos enfants à faire des activités qui n'impliquent pas toujours des achats : par exemple, observer la nature (même dans un parc urbain), grâce à un guide pour enfants emprunté à la bibliothèque.

RÈGLE CLÉ

- Il va falloir leur expliquer clairement et calmement, sans entrer dans les détails, que la situation actuelle exige de changer certaines habitudes. Dites-leur les choses de façon positive : il faut réduire les dépenses, certes, mais il s'agit surtout de faire des choix différents.
- Expliquez calmement à vos enfants qu'il y a des choses prioritaires. Apprenez-leur à attacher de l'importance aux moments partagés, plus qu'aux objets achetés. En faisant cela, vous leur enseignez aussi la valeur du temps passé ensemble, vous leur donnez de meilleures notions sur l'importance relative des objets, sur la nécessité d'un équilibre entre plaisir de consommer et plaisir de vivre. Vous les préparez mieux à une gestion intelligente de leurs ressources quand ils seront adultes.

- Renseignez-vous sur les activités organisées dans votre commune (lectures et ateliers subventionnés pour les enfants, par exemple) pour leur faire découvrir d'autres façons de fonctionner, de découvrir le monde, qui ne soient pas basées sur une consommation effrénée.

MON CONSEIL : prenez le contrôle de façon active, n'attendez pas que les choses dégénèrent !

ACTIVITÉ Dire, ne pas dire

À NE PAS DIRE	À DIRE
« On ne va plus pouvoir aller au restaurant. »	« On va prendre nos repas à la maison, tu as une idée de plat à préparer ? » « On va faire un pique-nique, qu'est-ce qu'on prépare de bon à emporter ? »
« Non mais ça va pas, je n'ai pas les moyens de t'acheter ces chaussures ! »	« On a un budget de trente euros pour des chaussures, tu peux choisir. »
« Ah ! non, ça ne va pas, je ne vais pas pouvoir payer mes factures ! »	« Bon, avec le budget qu'on a, qu'est-ce que qu'on choisit ? »
« Non, je ne t'achète pas cette pâte à modeler, c'est bien trop cher ! »	« Et si je te montrais comment on peut faire nous-mêmes une pâte à modeler ? » (Avec de la farine, du sel et du colorant, vous pouvez faire une pâte très bon marché, qui amusera vos enfants et que l'on peut faire cuire, peindre, etc., sans avoir à dépenser une fortune !)

38. Les garçons/les filles ne font pas ça !

N'enfermez pas votre enfant dans un cadre rigide qui lui interdirait d'explorer des domaines qui l'intéressent, mais ne correspondent pas aux normes sociales.

Par exemple, n'empêchez pas une fille de jouer avec des voitures ou des jeux de construction, ni un garçon de jouer avec des poupées, etc. Les jeux de construction favorisent le développement des habiletés spatiales, alors que les jeux de rôles avec des poupées facilitent le développement langagier. Il est donc bien mieux de proposer, justement, des types variés de jouets.

Valorisez leurs centres d'intérêt, que ceux-ci soient conformes ou non aux conventions en matière de genre. Partagez toutes sortes d'activités avec vos enfants, sans les restreindre à des activités garçons/filles ou hommes/femmes. Il est essentiel d'avoir des centres d'intérêt et des passions dans la vie, n'empêchez pas vos enfants de découvrir les leurs !

Règles d'or

- N'élevez pas vos enfants dans une vision binaire. Adoptez une position plus nuancée, dans laquelle « nature » et « attentes sociales » sont distincts.

- Si votre fille aime un sport perçu comme « réservé aux garçons », si votre fils est passionné par une activité « de fille », ne les empêchez pas de les explorer. Il ne s'agit pas d'interdire (par exemple en empêchant une fille de jouer avec une batterie de cuisine), mais au contraire d'élargir les possibilités.

- À la maison, ne renforcez pas les stéréotypes : les enfants imitent et intègrent ce qu'ils voient. Soyez équitable : par exemple, ne donnez pas de tâches ménagères aux filles sans en donner aux garçons.

MON CONSEIL : ne cantonnez pas vos enfants dans des rôles stéréotypés, ne vous limitez pas à des jouets « genrés » qui correspondent à des catégories commerciales imposées, s'appuyant sur une vision conformiste des centres d'intérêt des enfants.

40. Maman/papa ne m'aime plus, elle/il va partir !

Annoncer à un enfant que ses parents vont se séparer est une entreprise délicate, qu'il faut préparer soigneusement. Ne soyez pas égoïste, en pensant d'abord à vous et à vos problèmes d'adulte. Malgré la mésentente avec votre partenaire, pensez à l'équilibre de vos enfants.

Une séparation annoncée dans le calme, où chacun des parents fait des efforts dans l'intérêt des enfants, sera mieux vécue qu'une annonce brutale au moyen de laquelle on évacue surtout ses propres émotions. Vos enfants ne sont pas responsables de la situation ; ils ne doivent pas en ressentir une culpabilité quelconque et n'ont pas besoin de connaître la nature de vos déchirements.

Pour éviter que la perspective ne soit anxiogène pour vos enfants, **il faut discuter avec votre conjoint et préparer la façon dont vous allez procéder.** Deux ou trois semaines avant la séparation, assurez-vous que vous pourrez consacrer à cette annonce tout le temps qui sera nécessaire. Annoncez ensemble la séparation à venir ; expliquez de façon posée ce qui va se passer, comment la vie va se réorganiser. Dites que vous ne vous entendez plus et que vous n'allez plus vivre ensemble. Tenez compte du niveau de développement de l'enfant, mais ne donnez pas d'informations qui l'inciteraient à sentir qu'il faut prendre parti pour l'un ou l'autre parent.

RÈGLE CLÉ

- Ne critiquez pas votre conjoint, ne l'accusez pas de ne plus vous aimer.
- Annoncez de façon calme, ensemble, que la vie commune n'est plus possible.
- Répondez aux questions de l'enfant sur des éléments factuels : comment la vie va s'organiser, quelles seront les habitudes qui seront mises en place, etc.
- Ne donnez pas à vos enfants d'explications d'ordre sentimental sur les raisons intimes de votre rupture. Ils n'ont pas besoin de le savoir, cela ne ferait que les déstabiliser et les rendraient vulnérables et inquiets.
- S'il y a eu beaucoup de disputes dans votre foyer, auparavant, ils ont sûrement bien senti la discorde entre vous. L'annonce de la séparation, de manière calme et posée, facilitera la mise en place d'un autre cadre de vie, plus apaisant.

41. Tu diras a ton père/ta mère que...

Vous vous êtes séparé, votre enfant a maintenant deux foyers et voit ses parents de façon alternée. Mais les relations entre vous et votre ex-conjoint sont tendues et la communication très difficile.

Cependant, votre enfant n'est ni un messager ni un médiateur Si vous avez quelque chose d'important à dire à votre ex-conjoint, s'il y a problème ou conflit, n'essayez pas de passer par l'intermédiaire de votre enfant, vous le mettriez dans une situation très difficile, au cœur d'un conflit dont il n'est pas responsable.

RÈGLE CLÉ

Votre enfant n'est ni un médiateur ni un confident. Ne faites pas de lui un instrument dans vos relations avec votre ex. Dans son intérêt, il faut le préserver des conflits. Réglez donc vos différends directement, en adultes.

En tentant de régler indirectement vos comptes avec votre ex-conjoint, vous imposez à votre enfant un terrible fardeau. Il risque d'être déchiré par ses sentiments de loyauté et par son amour envers chacun de ses parents et se sentira coupable des échecs.

Vous compromettez ainsi ses relations avec vous et avec votre ex-conjoint, mais aussi et surtout son équilibre affectif et ses repères. Il faut lui permettre de rester loyal envers chacun de ses parents, sans instrumentaliser les relations.

Rien n'est plus dommageable, dans un divorce ou une séparation, que de tirailler l'enfant entre ses deux parents, en lui attribuant des rôles qu'il ne peut pas assumer. Cette attitude potentiellement destructrice fera des ravages à long terme. Faites appel à un médiateur familial, si nécessaire, pour apaiser les relations et œuvrer dans l'intérêt de tous.

ACTIVITÉ

Pour faciliter la transition entre les deux lieux de vie

QUELQUES RÈGLES SIMPLES À METTRE EN PLACE	COCHER
Assurez-vous que votre enfant a bien un minimum d'affaires indispensables dans chaque lieu de vie. Cela évitera les oublis, les reproches et autres drames inutiles.	☐
Essayez d'avoir la plus grande cohérence possible entre les deux lieux de vie.	☐
Maintenez une routine la plus normale possible, avec des règles de vie qui garantissent le bien-être et la santé de l'enfant (heure du coucher, hygiène, limite du temps passé devant un écran, etc.). Si nécessaire, faites une liste qui peut être affichée dans chaque foyer.	☐
Respectez les horaires pour aller chercher et ramener l'enfant. Si vous avez une urgence, communiquez directement avec votre ex-conjoint, ne passez pas par l'intermédiaire de l'enfant, qui pourrait s'exposer à des réactions désagréables.	☐
Soyez courtois quand vous venez chercher votre enfant ou que vous le ramenez.	☐
Réglez vos désaccords entre adultes. Si vous n'arrivez pas à communiquer avec votre ex-conjoint directement, il faut trouver un moyen de médiation. La communication écrite, par exemple. Mais ne passez pas par la parole ni par l'intermédiaire de l'enfant.	☐
Ne critiquez pas votre ex-conjoint en présence de vos enfants. Cela permettra des relations plus apaisées, sans sentiment de déchirement.	☐
N'allez pas à l'encontre d'une décision prise par l'autre parent en votre absence (par exemple, aller chez un ami, etc.). Communiquez avec votre ex sur le sujet et fixez-vous des règles. Décidez ensemble pour quel type de demande il est nécessaire de consulter l'autre parent avant de prendre une décision, par exemple.	☐
Consultez un psychologue si vous n'arrivez pas à trouver un terrain d'entente avec votre ex et essayez de voir s'il est prêt à le faire aussi, dans l'intérêt de vos enfants. Concentrez-vous sur la recherche de solutions pratiques.	☐

42. Papa/maman a besoin de toi

Les parents sont responsables de l'état émotionnel et du bien-être de leurs enfants et non l'inverse. L'enfant ne peut pas être projeté soudainement dans un rôle qui le dépasse totalement. La prise en charge psychologique d'un adulte par un enfant est tout simplement impossible.

Si vous traversez de grandes difficultés provoquées par un événement de vie (maladie, décès, divorce), tournez-vous vers d'autres adultes ou vers des spécialistes pour bénéficier d'un soutien.

MON CONSEIL : si vous voyez que votre enfant souffre et qu'il ne parle pas, ayez recours à une aide extérieure. La prise en charge précoce évite d'entrer dans des mécanismes relationnels problématiques.

L'enfant n'est pas un substitut de conjoint. Il faut lui laisser vivre sa vie d'enfant, tout en lui expliquant les difficultés. Ne changez pas les rôles, respectez son statut d'enfant, ses besoins d'insouciance et de jeu.

Vous devez tout avant tout lui expliquer avec des mots simples, adaptés à son niveau, ce qui se passe, sans faire peser sur lui la responsabilité de votre mieux-être. Les relations parents-enfants ne sont pas symétriques.

Aidez votre enfant à comprendre au mieux la situation et à verbaliser. Lors d'épreuves de vie, la souffrance d'un parent affecte l'enfant. Même si vous ne le demandez pas, votre enfant peut vouloir vous « protéger », en contenant ses propres émotions. Dans ce cas, il est souvent plus facile pour un enfant de s'exprimer face à une personne neutre.

43. T'es vraiment comme ton père/ta mère !

S'il s'agit d'un compliment, rien de grave ! Mais en général, ce type de remarque est une critique voilée : une critique et un rejet de votre enfant, mais aussi de l'autre parent.

En tenant ce genre de propos, vous atteignez doublement votre enfant : vous l'attaquez personnellement, et vous l'attaquez dans ses liens avec l'autre parent et dans l'amour qu'il lui porte. Dénigrer l'autre parent a des effets très toxiques. Votre enfant aura des difficultés à sortir du conflit de loyauté que vous lui imposez.

De façon implicite, vous le forcez en effet à prendre position, à revendiquer sa « ressemblance » ou non. En faisant cela, vous le fragilisez psychologiquement. Vos paroles auront des conséquences préjudiciables à long terme : estime de soi, construction identitaire, équilibre relationnel.

Comment faire ?

C'est avec votre partenaire que vous devez régler vos problèmes, pas avec vos enfants ! Soyez adulte et mature, abstenez-vous de faire des commentaires négatifs et d'évoquer une quelconque ressemblance avec l'autre parent. Que vous ayez des difficultés de couple, que vous soyez séparé ou divorcé, dénigrer l'autre parent ne résoudra pas vos conflits, mais aura par contre des conséquences désastreuses pour vos enfants. Vous les mettez en danger, en tentant de dévaloriser l'autre parent.

MON CONSEIL : si vous n'arrivez pas à évacuer votre ressentiment et à adopter la neutralité souhaitable, mieux vaut consulter un spécialiste. Il vous aidera à surmonter vos difficultés et à préserver vos enfants.

44. Maintenant, occupe-toi de maman/papa !

Ne l'enfermez pas dans une mission impossible. Il est possible au cours d'une vie d'avoir besoin de d'assistance. Cependant, l'aide ne doit pas provenir de votre enfant, ne confondez pas les rôles !

Il ne faut pas « parentifier » votre enfant. L'enfant projeté dans un rôle de parent éprouve de forts sentiments de culpabilité et a souvent une mauvaise estime de soif face à ces responsabilités démesurées. Cette situation freinerait son autonomie et le placerait dans un lien de dépendance affective dangereuse pour son équilibre.

Si vous avez simplement besoin que votre enfant vous aide sur le plan matériel en effectuant certaines tâches domestiques, montrez-lui d'abord comment on fait, puis proposez-lui de s'y engager avec votre soutien actif, que vous retirerez progressivement au fur et à mesure, en l'encourageant et en le récompensant dans l'exécution.

L'étayage

Cette technique pédagogique, qui s'appelle l'étayage, est très efficace pour les apprentissages divers.

L'enfant qui bénéficie du soutien et du guidage d'un adulte expérimenté, apprend par imitation, au fil des interactions. Il peut ainsi développer des compétences, évaluer progressivement sa performance et devenir rapidement autonome.

MON CONSEIL : cet investissement minimal de votre temps sera très bénéfique à long terme, car votre enfant prendra des responsabilités à la mesure de son âge. Les relations avec votre enfant n'en seront que plus riches car construites dans l'interaction.

Les Éditions Larousse utilisent des papiers composés de fibres naturelles, renouvelables, recyclables et fabriquées à partir de bois issus de forêts qui adoptent un système d'aménagement durable. En outre, les Éditions Larousse attendent de leurs fournisseurs de papier qu'ils s'inscrivent dans une démarche de certification environnementale reconnue.

PAPIER À BASE DE FIBRES CERTIFIÉES

LAROUSSE s'engage pour l'environnement en réduisant l'empreinte carbone de ses livres. Celle de cet exemplaire est de : 700 g

Rendez-vous sur www.larousse-durable.fr

Imprimé en Espagne par Macrolibros SL, Valladolid
Dépôt légal : avril 2018
321508/01 - 11038064 - juillet 2018